当代税收名家丛书

大数据治税

焦瑞进 ◎ 著

中国财经出版传媒集团
中国财政经济出版社

图书在版编目（CIP）数据

大数据治税 / 焦瑞进著．—北京：中国财政经济出版社，2017.11

（当代税收名家丛书）

ISBN 978－7－5095－7517－8

Ⅰ.①大… Ⅱ.①焦… Ⅲ.①税收管理－数据管理－研究－中国 Ⅳ.①F812.42－39

中国版本图书馆 CIP 数据核字（2017）第 136489 号

责任编辑：马　真　　　　　　　　责任校对：胡永立
封面设计：王　坦　王　颖　　　　版式设计：录文通

中国财政经济出版社 出版

URL：http://ckfz.cfeph.cn
E－mail：ckfz@cfeph.cn

（版权所有　翻印必究）

社址：北京市海淀区阜成路甲 28 号　邮政编码：100142
营销中心电话：88190406
天猫网店：中国财政经济出版社旗舰店
网址：https://zgczjjcbs.tmall.com
北京富生印刷厂印刷　各地新华书店经销
880×1230 毫米　32 开　7.125 印张　170 000 字
2018 年 1 月第 1 版　2018 年 1 月北京第 1 次印刷
定价：36.00 元
ISBN 978－7－5095－7517－8
（图书出现印装问题，本社负责调换）
本社质量投诉电话：010－88190744
打击盗版举报热线：010－88190414　　QQ：447268889

策划人语

税收事业与社会进步的推动者

　　税收在当下的中国已经成为一门显学，这归因于社会的进步与时代的机遇。十九大后新时代中国特色社会主义思想指引税制改革与经济发展，逢此良机，我们策划出版了这套"当代税收名家丛书"。

　　何谓税收名家？这里所讲的税收名家特指那些为推动税收事业和社会进步而摇旗呐喊的公共知识分子们。他们之所以被称为"名家"，自然有其过人之处，正所谓"石可破也，而不可夺坚；丹可磨也，而不可夺赤"。作为公共知识分子，他们独立思考，谦卑不忘弘毅，勇于进谏政府，积极投身公共事务；作为公共知识分子，他们坚守理想，怀揣忧患意识，努力追求真理，具有现实主义批判精神。

　　"铁肩担道义，妙手著文章"，这是对名家们性情特征的最好注解。引经据典，追根溯源，播其声，扬其道，释其理，忘却一己之利益，弘扬社会之正气。他们将家国情怀、人文关怀融入广阔的社会经济实践。在现代法治社会的丛林里，他们有可能成为一种相对独立、具有社会正能量和影响力、代表社会良知和人类理想的社会阶层。

我们对税收名家的遴选，其实并未有一成不变的标准，但始终秉承一项原则，即入选者必须勤于学、志于道、游于艺，在税收领域有相当造诣，其观点犀利，自成一派，非人云亦云之辈。入选者，或擅长财税法制，或精通大数据治税，或融汇会计与税收，或执著于税收治理……他们关注于世界、国家、人类、民族、社会的进步，其观点闪烁着独特的伦理之魂和道德之光。

本套丛书的每一分册均具有两大结构：一是学术研究篇，二是人文情怀篇，即从这两个视角反映入选者的学术思想和人文情怀。我们期待各路神仙指点，更希望结识、聚集各方神圣。

最后，让我们为那些推进国家治理和社会进步而坚守理想、永不言弃的公共知识分子们点赞，正是他们的思想和行动辉映着时代的曦光。

"当代税收名家丛书"策划人　樊清玉

Qingyuf@sina.com

2017 年 10 月

前　言

时逢中国财政经济出版社编辑出版"当代税收名家丛书",很巧,在一线工作者中选我为样板,尝试着看看能整理出些什么与实践工作有关的内容。不巧,我偏科,不入税收改革30年来所谓的征管主流,而是长期从事税收分析工作。因此,也给我提出了一个挑战,能否从税收分析、税收数据应用的角度,反映我国税收管理的发展和变革呢?我整理了1994年税制改革以来发表的一些文章,答案是肯定的:税收分析开创和引领了我国税收管理的一系列革命性的变革和发展。这种变革和引领可划分为五个阶段:一是通过数据应用分析了解税源、掌握税源,科学地提出组织税收收入原则;二是通过数据应用分析监管税源,防范税收流失,系统地建立了我国重点税源管理体系;三是开发数据应用分析模型和工具,推动税收专业化管理,引入了分类分级、企业纳税评估专业化管理手段和措施;四是针对大企业管理,引入风险管理理念,推进税收治理现代化建设;五是引入大数据思维,引导税制和征管突破传统的束缚,去挑战和适应数字经济环境下的系统改革。

从20世纪90年代末时任国家税务总局局长金人庆入主税收工作以来,就提出基于"税收看经济"的思想,在经济决定税收内在关系的基础上,通过税收统计情况更客观地反映经济运行状况,排除经济虚假统计信息,科学组织税收收入,并相应地在国家税务总局计划统计司组建了宏观分析处,专司重点税源监控与分析管理工作。虽然后续换了几任局长,提出一系列工作思路,侧重于税收征管改革的不同领域,但税收经济内在关系中"经济决定税收"的基本内涵始终主导着税收征管各项改革内容的大思路。

1999年,国家税务总局党组决定,为系统开展税源管理工作,在计划统计司组建成立了宏观分析处,专门负责重点税源的监控管理和税收数据分析应用工作,树立了我国第一块税源管理的里程碑。2004年的全国税收征管会议提出"建立以税源管理为基础的征管体系",把税源管理工作作为税收的基础性工作向全系统推开。2006年,为了进一步深化税源管理工作的影响,有史以来特别召开以"税源管理"为主题的全国专业工作会议,并指出"税源管理是税收征管的基础和核心,是反映税收征管水平的重要方面,也是落实科学化、精细化的最终落脚点",明确了税源管理工作的作用和地位。2007年,全国纳税服务工作会议进一步指出"纳税服务与税源管理都是税收管理基础,都是构建和谐征纳关系,提高税法遵从度的手段",提出了税源管理伴随纳税服务的思想。2008年全国企业所得税管理与反避税工作会议在强调原有税收管理科学化、精细化的基础上,提出了税源专业化管理的思路。同年,国家税务总局分别成立了大企业税收管理司和纳税服务管理司,标志着分类分级税源专业化管理的开启,提出了依托信息化手段实现大企业扁平化和分类管理的思路。2011年召开全国税源专业化管理工作会议,开启了税源专业化管理的新时代,首先在8个省份推行税源专业化试点工作,紧接着于10月28日布置了18个省级单位大企业税收专业化管理的工作。2009年《大企业税务风险管理指引(试行)》(国税发〔2009〕90号)和2011年《大企业税收服务和管理规

前 言

程（试行）》（国税发〔2011〕71号）两份文件的推出，标志着以风险管理为导向促进纳税遵从的管理理念正式引入税收征收管理工作。2013年王军局长来国家税务总局工作，于当年12月12日在《人民日报》发表题为"以科技创新推进税收管理现代化"的文章，开启了税收管理现代化的进程，此后历年的工作报告均是以税收管理现代化为主题。直到2016年的工作报告仍以税收管理现代化为主题，从某种角度反映了：税收管理现代化是大趋势，必须跟进税收管理工作才能有所发展；税收管理现代化工作推进确实遇到了前所未有的困难，历时几年无所进展，必须突破传统束缚，创新改革才有出路。

在充分认识大数据时代对经济转型影响的基础上，结合国务院研究出台"一照一码"制度的契机，本人先后在国务院发展研究中心信息网发表了"从税制改革谈信息管税的前景""大数据时代以资金信息流为控制链条的简化税制研究"和"大数据时代大金融统领国民收入初次分配的研究"三篇文章，从经济转型对税制改革的迫切需求、优化税制与简化征管的关系，以及现代信息手段的可行性等方面，以大数据思维提出了突破传统征管模式的系统深化改革方案，开启了引导税收治理现代化与时代同步迈进的全新思路。

人类社会的进步与发展，自从有了组织管理和财富分配行为，就始终伴随着数据的统计应用和分析；各个历史时期的发展变化，也是由数据才能精准地反映其时代特征。所以，从数据的应用分析入手引领我国税收管理的发展变革，不是奇谈怪论，更不是异想天开，是实实在在的历史事实，是社会实践赋予数据思维和数学思想的魅力所在。随着大数据时代的到来，数据的分析应用将有更广阔的发挥空间，大数据治税必将是引领社会发展的主流思想。

为此，本人整理了 1994 年税制改革以来以税收经济分析为专题的系列文章供大家参考。本人学识有限，欢迎大家批评指正。

焦瑞进

目 录

第一部分 学术研究篇

第一章 税收计量分析 ……………………………………（ 3 ）
一、税收收入分月滚动预测模型 ……………………（ 3 ）
二、税收 CGE 模型 …………………………………（ 9 ）
三、同业税负分析理论及其在税收管理工作中的应用 …（ 25 ）
四、正确认识和使用税收负担 ………………………（ 32 ）
五、关于年初税收预测模型的研究 …………………（ 39 ）
六、申报率推算——税源分析的新途径 ……………（ 43 ）
七、税收经济关系时间协调性分析 …………………（ 52 ）
八、税收分析的两大误区 ……………………………（ 62 ）
九、税收经济关系分析的基本框架内容 ……………（ 66 ）
十、微观与宏观税收经济关系 ………………………（ 76 ）

第二章 税收管理 …………………………………………（ 81 ）
一、税源质量与税收征收效能 ………………………（ 81 ）
二、税收贡献率：让小企业登上纳税排行榜首 ……（ 90 ）
三、纳税评估的基本思路与方法 ……………………（ 94 ）
四、浅谈税收经济关系与税制改革 …………………（103）
五、浅谈经济发展水平与税收管理的关系 …………（106）

六、税务风险和税务遵从的概念差异与关联 …………（113）
第三章　涉税健康指标体系 ……………………………（116）
　　一、企业健康与税务风险 ………………………………（117）
　　二、建立企业涉税健康指标的考虑因素 ………………（119）
　　三、企业涉税健康评价指标体系的原则与方法 ………（122）
　　四、指标的应用 …………………………………………（124）
　　五、企业涉税健康评价指标体系 ………………………（125）
第四章　大数据与税制改革 ……………………………（127）
　　一、大数据时代深化税收改革的系列思考 ……………（127）
　　二、数字经济时代电子发票的法理关系及未来展望 …（151）
　　三、分享经济税在哪里 …………………………………（160）
　　四、数字经济倒逼税收管理法律关系的先进性 ………（165）
　　五、大数据时代促进纳税申报资料真实性改革路径 …（172）
　　六、乘"十九大"东风，扬大数据思维加速推进
　　　　税收治理现代化 ……………………………………（178）

第二部分　人文情怀篇

　　一、三临黄山 ……………………………………………（185）
　　二、夸夸自己：生命中的三座白塔 ……………………（187）
　　三、快乐网球生活 ………………………………………（189）
　　四、追风逐雪激扬人生 …………………………………（195）
　　五、水兵舞的风采与情怀 ………………………………（202）
附录 ………………………………………………………（208）
　　附录一　税收系统工程研究成果及其应用 ……………（208）
　　附录二　无为人生 ………………………………………（214）
　　附录三　焦瑞进著作一览表 ……………………………（217）

第一部分

学术研究篇

第一部分　学术研究篇

税收计量分析

一、税收收入分月滚动预测模型[①]

　　滚动预测是预测近期活动发展态势常用的预测方法。按预测期间长度的变化与否来分类，有两种基本形式。一种形式是不断递推给定固定长度的预测期间，来实现滚动预测。即预测期间总的长度根据需要是给定不变的，随着近期活动的完成，再加一个单位的预测期间继续向前预测。比如给定的预测长度是5个月，第一次的预测期是1—5月，待1月的活动完成后，第二次的预测期即为2—6月，以此类推实现不断的滚动预测。另一种形式是预测期的终点是给定的，随着近期活动的不断实

---

① 焦瑞进："税收收入分月滚动预测模型"，《税务研究》，2000年第2期。

现，预测的期间也不断地缩短，在已实现数据的基础上修正预测参数，继续滚动预测其余期间的态势。

根据税收收入按年度计划和考核的需要，选择第二种形式的预测较为合适。其基本思路和步骤是：（1）利用历史资料找出修正的税收收入的月分布曲线；（2）利用预测年度已实现的税收与修正曲线的数据相比，求出实现税收的增长系数；（3）利用实现税收增长系数与经济预期增长速度加权求出税收年度增长系数；（4）以税收年度增长系数去乘修正后的税收月分布曲线上各月的税收，求出预测年度各月的税收；（5）每实现一个月的税收，对实现税收增长系数进行滚动调整，预测其余各月的税收，直至 12 月。

（一）模型基本计算公式

模型计算公式如下：

$$T_y = A^T \times E_y + P^T \times F_y \qquad (1)$$

T_y 为给定税收预算年度（Y）的总预测数。A、E、P 和 F 为行向量，其中：

a_i：为 i 月的实际收入；

e_i：i 月有实际收入时为 1，否则为 0；

p_i：为 i 月的预测收入；

f_i：i 月未实现收入时为 1，否则为 0。

i 表示预算年度各月份的序号。如果 $e_{i(y-1)} = 1$，相关预算年度给定月份（i）的预测收入计算如下：

$$p_{i(y)} = \tau_{i(y)} \times \frac{a_{i(y-1)}}{\tau_{i(y-1)}} \times \delta \times \left[\frac{\tau_{i(y)}}{\tau_{i(y-1)}} \right]^\eta \qquad (2a)$$

或等于：

$$p_{i(y)} = a_{i(y-1)} \times \delta \times \left[\frac{\tau_{i(y)}}{\tau_{i(y-1)}}\right]^{1+\eta} \quad (2b)$$

这里，τ_i 是（i）月份的平均税率，δ 是增长系数，η 是用户定义的相关税率变化的税基弹性。如果 $e_{i(y-1)} = 0$，相关预算年度给定月份（i）的预测收入计算如下：

$$p_{i(y)} = p_{i(y-1)} \times \delta \times \left[\frac{\tau_{i(y)}}{\tau_{i(y-1)}}\right]^{1+\eta} \quad (2c)$$

增长系数 δ 是下列两项内容的加权计算数：(1) 预算年度（y）相对于（y-1）的预期经济增长率；(2) 预算年度（y）相对于（y-1）的税收实际增长率。计算如下：

$$\delta = \alpha \frac{GDP_y}{GDP_{y-1}} + (1-\alpha) \frac{A_y^T \times E_y}{A_{y-1}^T \times E_y} \quad (3)$$

权重 α，在 0 于 1 之间呈线性变化，当能取得预算年度各月的税收数据时，为 0；当不能取得预算年度各月的税收数据时，为 1。计算如下：

$$\alpha = \frac{n - \sum_{i=1}^{n} e_{i(y)}}{n}$$

（二）1999 年度分月的税收收入预测

第一步计算税收月分布经验曲线。首先用 1996、1997、1998 年三年各月税收的平均数求出经验分布曲线，其目的在于消除个别月税收收入变化的超常波动。将计算出的各月平均数除以合计数求出各月的分布系数，再将 1998 年的总收入乘以分布系数，对 1998 年的总收入按月进行重新分配，形成 1998 年的经验分布曲线。计算结果见表 1-1。

表 1–1　　　　　近三年分月税收收入分布表

时间	1	2	3	4	5	6	7	8	9	10	11	12
1996	501	347	485	549	522	593	548	479	506	571	539	800
1997	568	405	593	649	608	756	653	541	592	681	615	888
1998	611	483	630	694	628	849	668	588	716	773	807	1 105
平均	560	412	569	631	586	733	623	536	605	675	654	931
分布	0.075	0.055	0.076	0.084	0.078	0.098	0.083	0.071	0.08	0.09	0.087	0.124
调整	637	469	648	718	667	834	709	610	688	768	744	1 059

第二步计算已实现税收（1—7月）增长的权重：

$$\alpha = \frac{n - \sum_{i=1}^{n} e_{i(y)}}{n} = (12 - 5)/12 = 0.5833$$

第三步计算已实现税收（1—7月）的增长比率：

$$\delta_t = \frac{\sum_{i=1}^{7} a_{i(y)}}{\sum_{i=1}^{7} a_{i(y-1)}} = \frac{5\ 864}{4\ 682} = 1.25$$

第四步计算综合增长系数。1999年上半年全国GDP增长7.6%，1—7月份全国工业增加值比上年同期增长9.4%。综合因素，保守估计，下半年的经济增长预期分高中低三种情况，δ_e分别为1.08、1.075和1.07。实际税收增长和预期经济增长加权后，综合增长系数 δ 分别为：

$$\delta_{高} = (1 - 0.5833) \times 1.08 + 0.5833 \times 1.25 = 0.45 + 0.7291$$
$$= 1.1791$$

$$\delta_{中} = (1 - 0.5833) \times 1.075 + 0.5833 \times 1.25 = 0.448 + 0.7291$$
$$= 1.1771$$

$$\delta_{低} = (1 - 0.5833) \times 1.07 + 0.5833 \times 1.25 = 0.4459 + 0.7291$$
$$= 1.175$$

由于剩余月份的减少，经济增长成份的权重降低，经济增长对综合增长系数的影响不是很大。

第五步计算未来月份（8—12月）的税收。由于1999年与1998年相比，税收政策未做大的调整，有关税率的增长变化近似为1。公式如下，计算结果如表1-2。

$$P_{i(y)}^{T} = P_{i(y-1)}^{T} \times \delta$$

分高、中、低三种情况预测，1999年的税收收入分别为10 426亿元、10 420亿元或10 411亿元。分月数字见表1-2。

表1-2　　　　　分月预测结果　　　　　单位：亿元

月份	1	2	3	4	5	6	7	8	9	10	11	12	合计
高	818	569	812	949	800	1 026	890	719	811	906	877	1 249	10 426
中	818	569	812	949	800	1 026	890	718	810	904	876	1 248	10 420
低	818	569	812	949	800	1 026	890	717	808	902	874	1 246	10 411

（三）1999年度税收收入预测结果的分析

1. 因素分析

上述预测结果，是在一种简单的纯经济数据基础上产生的，未考虑税收收入计划的因素和税收政策的微小变化。实际上从历年的税收收入实现情况看，税收收入的计划对税收收入的最终结果有一定的拉动作用，影响税收收入的增长弹性。当税收收入计划偏紧时，会产生向上的拉动作用，当税收收入计划偏松时，会产生向下的拉动作用。

由于1999年税收收入增长计划与前几个月已实现的收入的增长状况相比偏低，各地在完成1999年税收收入计划后，有可能主观地为下一年的税收计划留有余地，从而会影响预测收入的实现。另一方面，1998年税收增收1 000亿元，有清缴欠税200

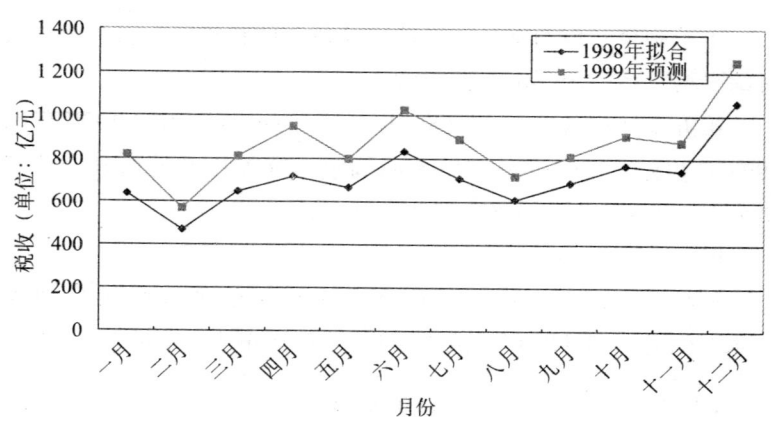

图 1-1　1999 年税收预测分布图

多亿元和限制期初存货已征税款的抵扣等人为征管因素，而这两项措施在今年不会再不折不扣地重演，再加上 1999 年出台了允许企业固定资产投资按一定比例进行企业所得税抵免的政策，影响了企业所得税收入的减少。因此，如果 1999 年的经济增长没有大的突破的话，1999 年的税收收入最终不会超过 10 400 亿元，预计会在 10 300 亿元上下浮动。

2. 预测结果的分布分析

从预测结果的分布图可看出，上半年的税收增长大于下半年的税收增长。其成因是，上半年为税收的实际数，反映税收的实际增长，下半年为预测数，反映的是上半年税收实际增长与经济增长预期加权处理后的综合增长。

上半年税收增长高于经济增长，有两个方面的原因。一是 1998 年税收任务过紧，任务完成得非常艰难，对 1999 年的经济形势不看好，对 1999 年的税收收入形势过于担忧，因此加快了上半年的税收进度。二是打击走私和东南亚金融危机的缓解，改善了进出口环境，促进了国民经济的恢复，一定程度上丰富了税源，促进了税收的有效增长。

如果下半年仍然按上半年税收实际增长速度增长，全年将会实现税收收入 10 711 亿元，超出计划征收数 1 178 亿元。这表明我国的税收收入增长还是有很大潜力可挖的，但在尚未全面实现"依法治税，应收尽收"的环境下，依然在以税收计划控制全国税收进度的管理模式下，实际收入与计划收入的严重背离是很难出现的。因此，在这种计划管理体制下，参考这几年连续平均增长 1 000 亿元，再加上今年在税收好的形势下税收会有所冒进等几个方面的因素，给出一个增收数超计划 60% 的预期。这样今年的税收收入预计仍将不会超过 10 400 亿元。

二、税收 CGE 模型[①]

（一）税收政策分析模型的理论基础

一般均衡理论是税收政策分析模型的理论基础。

自瓦尔拉斯（Walras）于 1874 年在《纯粹经济学要义》中提出一般均衡理论以来，经过众多经济学家 100 多年来的努力，特别是阿罗（Arrow）和德布鲁（Debreu）具有开拓性的推动和发展，使一般均衡理论和建立在此理论基础上的一般均衡模型已成为对国民经济市场均衡和总量均衡进行数量分析的最有价值的理论和方法之一。

一般均衡理论是现代经济学说中的基本理论之一。它阐述了国民经济系统中市场均衡和总量均衡的形成原理，描述了在一定

---

① 杨元伟、焦瑞进，《税务研究》，2000 年第 5 期。

条件下因供求关系的不均衡导致商品价格变化而引起各类经济变量变动，使市场和商品的供求关系从不均衡向新的均衡运动的过程和轨迹。这种观点认为，国民经济系统中所有的市场、所有的商品价格与供求关系的变化是相互影响、相互作用的。一种商品价格的变化，不仅取决于其自身供给与需求的影响，还受到其他商品价格与供求关系变化的影响。因此，在国民经济运行中，一个市场或一种商品无法单独形成均衡，只有在所有市场和所有商品的价格与供求达到均衡时，均衡才能实现，即：一般均衡。在这里，任何一种市场供求，都不仅是某一商品价格的函数，还是所有商品价格的函数。

国民经济系统在一个均衡状态下，系统中所有市场、所有商品的供求关系处于一种暂时平衡的稳定状态，税收作为该系统的一个经济要素也相对固定地处于适当的位置上。当税收制度变革或税收政策调整后，必然会影响到相关市场的供求关系和相关商品的价格，使原有的均衡状态被打破。在失衡状态中，有关经济变量的力量对比关系在不断地发生变化，资本和劳动力会在不同部门及行业中流动，消费者会相应地调整自己的消费结构，劳动者还会在就业或是休闲之间重新选择，税收也会重新确定自己的分布位置。这些变化，都将集中地体现在商品价格的变化之中。最终，通过市场的不断校正，使国民经济系统实现新的均衡。

国民经济系统的这两个不同的均衡状态，仅仅是在两个不同的税收环境前提下实现的。因此，对这两个不同的均衡状态及其之间的变化轨迹进行对比、研究和分析，就可以把握住税收制度和税收政策对国民经济的影响线路和效果。

税收政策分析模型正是在这种理论和研究思路基础上建立起来的。它以国民经济宏观统计数据为基础，反映某一时点上国民经济系统的客观状况；同时描述政府、生产者、劳动者、消费者的经济行为，刻画它们在客观经济环境特别是税收环境变化后的行为走势；界定经济要素和商品之间的替代关系和替代效用等等。通过这一系列工作，建立起一个体现国民经济系统某一时点均衡状态的有机系统——模型，并将税收经济变量设置为控制变量。当调整税收经济变量时，模型会模拟政府、生产者、劳动者和消费者的相应行为，直到国民经济系统达到新的均衡。

税收政策分析模型把准确地模拟政府、生产者、劳动者和消费者的行为，模拟旧均衡状态到新均衡状态的运动过程，作为自己主要的任务。但是，由于客观经济情况是十分复杂的：政府、生产者、劳动者和消费者的经济行为受多重因素的影响，而不仅仅是价格；各类经济主体的行为走势也不会全部呈线性状态；商品之间的替代性也受到经济主体主观意识的影响等等，模型不可能对所有的客观因素和主观意识进行界定和刻画。

（二） 税收 CGE 模型的基本结构

税收政策分析模型的基本宗旨在于，尽可能地准确描述现实经济的结构及其运行轨迹，模拟主要经济主体在预算约束条件下追求利润或效用最大化的行为，并最终在市场机制的作用下，达到所有市场的均衡。因此，本模型主要由核算框架设定、主体界定及其行为描述和均衡关系三个部分组成。

1. 模型的核算框架

核算框架是税收政策分析模型的基础，它将确定模型模拟运行的国民经济的范围、部门及行业的划分标准、初次投入要素的划分标准、部门及行业与投入要素之间的相互关系、部门及行业或投入要素内部之间的相互关系，并提供这些变量在某一时点上客观状况的实际数据支持。

可供选择的核算框架主要有三种：

（1）以国民收入与生产账户为基础的核算框架，注重宏观总量之间的平衡，主要描述生产部门与非生产部门、非生产部门与非生产部门之间的相互联系。

（2）以投入产出账户为基础的核算框架，主要描述生产部门与生产部门之间、生产部门与非生产部门之间的相互联系。

（3）以社会核算矩阵（Social Accounting Matrix，for short：SAM）为基础的核算框架，主要描述生产部门之间、非生产部门之间和生产部门与非生产部门之间的相互联系。

社会核算矩阵，是在国民收入与生产账户和投入产出账户的基础上发展起来的。它集国民收入与生产账户和投入产出账户为一体，因此是比国民收入与生产账户和投入产出账户更能全面地描述国民经济运行的一种核算体系。

税收政策分析模型以社会核算矩阵为核算框架。我们根据国家统计局编制的《中国1995年度投入产出表》，结合其他国民经济统计资料，编制了《中国1995年度社会核算矩阵表》。

在《中国1995年度社会核算矩阵表》中，部门有农业、工业、商业、建筑业、对外贸易、其他；经济主体有企业、政府和居民；生产要素有资本、劳动力和资本回报；经济活动有生产、消费、休闲、税收、商品进出口、储蓄、投资等。见表1-3。

表1-3　　　中国1995年度社会核算矩阵表

		Com.	Act.	Labour	Capital	Enterp.	House H.	Gov.	C. Forma.	Trade	Total
		1	2	3	4	5	6	7	8	9	10
Com.	1		I. U.				H. C.	G. C.	Investment		D. S
Act.	2	Do. S.								Export	T. S
Labou	3		R. L								R. L
Capital	4		R. C								R. C
Enterp.	5				R. C						E. R

续表

		Com.	Act.	Labour	Capital	Enterp.	HouseH.	Gov.	C. Forma.	Trade	Total
		1	2	3	4	5	6	7	8	9	10
House H.	6			Wages		Distrab.				F. Rem.	H. R
Gov.	7		I. Tax			D. Tax	P. Tax		G. Debt	F. Acc.	G. R
C. Forma.	8					E. Save	H. Save	G. S			T. S
Trade	9		Import								F. R
Total	10	T. Abs.	T. C	R. L	R. C	E. Exp.	H. Exp.	G. Ex	T. Invest	F. Exp.	

（1，2）中间使用；（1，6）居民消费；（1，7）政府购买；（1，8）投资；

（1，10）国内销售；

（2，1）国内供给；（2，9）出口；（2，10）总销售；

（3，2）劳动报酬；（3，10）劳动报酬；

（4，2）资本回报；（4，10）资本回报；（5，4）资本回报；（5，10）资本回报；

（6，3）劳动工资；（6，5）分配利润；（6，9）外净汇款；（6，10）居民收入；

（7，2）间接税；（7，5）直接税；（7，6）个人所得税；（7，8）政府赤字；

（7，10）政府收入；

（8，5）企业储蓄；（8，6）居民储蓄；（8，7）政府储蓄；（8，9）外净储蓄；（8，10）总储蓄；

（9，1）进口；（9，10）外国收入。

《中国1995年度社会核算矩阵表》是一个比较简单的社会核算矩阵表。随着研究工作的深入和应用分析的需要，我们可以将《中国1995年度社会核算矩阵表》在实际数据支持的基础上做不受限的扩展。可以增加部门或行业、经济主体、生产要素和经济活动种类的数量,或作多层次的分类。

2. 模型的基本经济主体及其行为描述

本节给出的模型是一个四部门模型:生产部门、居民部门、政府部门和国外部门。见图 1-2。

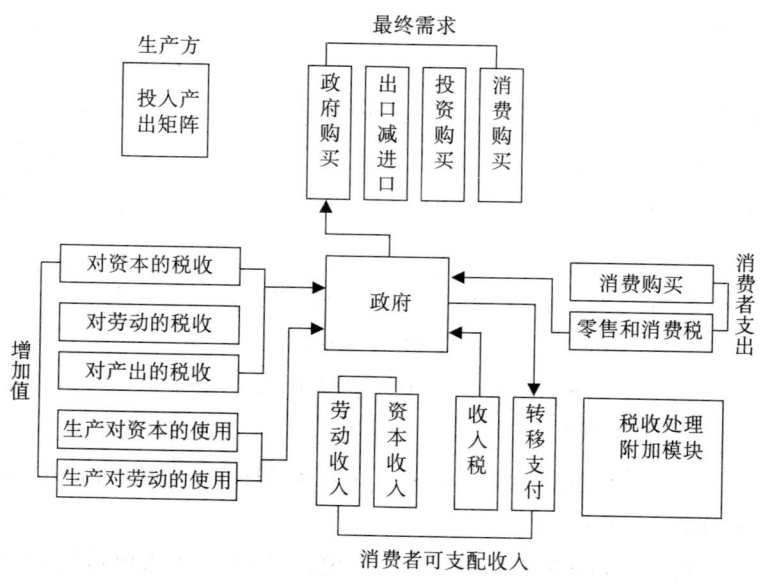

图 1-2 模型的基本经济主体及其行为图

从总的结构上看,CGE 模型由三组方程组成。这三组方程分别表示供给、需求和市场出清条件。

(1) 行业及消费群组分类。根据研究目的和可能得到的数据,本模型按国家统计局的产业分类标准,将我国生产部门分成六个产业部门。它们是:农业、工业、建筑业、运输邮电业、商业饮食业、其他服务业。

假设每个部门都只生产一个产品,产品生产者追求利润最大化。生产要素是资本和劳动,中间投入由定系数投入产出矩阵确定。

我国城乡经济的二元结构明显，根据数据来源，将居民按收入分为七组：

城镇居民最低、低、中下、中、中上、高、最高收入组。

居民部门通过提供劳务从生产部门和政府获得劳务收入，从储蓄中获得投资收入。生产和政府部门对劳务的支出等于居民部门的劳务所得。

假设消费者的消费行为是在预算约束下，实现其效用的最大化。

政府部门从税收和资本收益中获得收入。它的支出是转移支付、社会保障、公共设施建设和劳务支出。

假设国外部门具有不变弹性的出口供给函数和进口需求函数。

（2）税种处理。我国目前主要执行以下几种税收：

增值税、消费税、营业税、资源税、企业所得税、个人所得税；

土地增值税、土地使用税、耕地占用税、房产税、车船使用税。

为了便于对各种可能的税收政策进行模拟研究，本模型设立了一个税种处理模块，根据各种税收的征收对象，将它们综合成相应征收对象的价内税。该模块可以根据研究目的不同而有所改变。

对于一种税收征收对象，设它的除税价格是 p，含税价格是 p^*，综合税率是 t，则

$$p^* = p(1+t)$$

显然，不同部门的税率不同。

（3）增加值与中间生产。假设生产要素在部门之间可以流

动，在国内与国外之间不可流动。记居民和政府拥有的资本是 K_i（$i=1,2,\cdots,7$）和 K_g；资本的使用记为 K_j（$j=1,2,\cdots,6$）和 K_{ug}。则

$$K = \sum_{i=1}^{7} K_i + K_g = \sum_{j=1}^{6} K_j + K_{ug}$$

居民的劳务实际供给为 L_i（$i=1,2,\cdots,7$）；部门和政府的劳务使用为 L_j（$j=1,2,\cdots,6$）和 L_{ug}。则

$$L = \sum_{i=1}^{7} L_i = \sum_{j=1}^{6} L_j + L_{ug}$$

部门的劳务和资本含税价格记为 P_L^* 和 P_K^*，除税价格记为 p_L 和 p_K，t_L 和 t_K 是要素综合税率，则

$$P_K^* = P_L(1 + t_K)$$
$$P_L^* = P_K(1 + t_L)$$

对每个部门，它的生产过程用 CES 增加值生产函数或 Cobb-Douglas 增加值函数描述：

$$VA = \phi \left[\delta L^{\frac{\sigma_1 - 1}{\sigma_1}} + (1 - \delta) K^{\frac{\sigma_1 - 1}{\sigma_1}} \right]^{\frac{\sigma_1}{\sigma_1 - 1}}$$

或 $VA = c K^{\alpha} L_1^{\beta_1} \cdots L_7^{\beta_7}$

其中，ϕ、δ 是生产参数，σ 是资本与劳动的替代弹性；$\alpha + \beta_1 + \cdots + \beta_7 = 1$。

中间投入由国家统计局编制的 1995 年投入产出表确定。

由于生产函数的齐次性假设，生产者追求最大利润的行为体现为要求每一单位产出的成本最小，即

Min $P_L^* L + P_K^* K$

s.t $VA = 1$

因此，可导出 CES 型的部门的劳动和资本需求函数

$$R_L = \phi^{-1} \left[(1 - \delta) \left(\frac{\delta P_K^*}{(1 - \delta) P_L^*} \right)^{1 - \sigma_1} + \delta \right]^{\frac{\sigma_1}{1 - \sigma_1}}$$

$$R_K = \phi^{-1}\left[\delta\left(\frac{(1-\delta)P_L^*}{\delta P_K^*}\right)^{1-\sigma_1} + (1-\delta)\right]^{\frac{\sigma_1}{1-\sigma_1}}$$

（4）家庭储蓄、劳动供给和家庭消费需求。消费者的消费行为是在预算约束下，使其效用最大。本模型采用嵌套效用函数，分层优化。

记居民初始预算为 I，它等于居民的劳务和资本收入，加上转移支付和最低生活保障收入。

在消费行为优化嵌套的第一层，优化消费者的储蓄决策。记 H 是当前消费，CF 是将来消费流。在静态模型中，假设消费者对将来的预期基于当前价格。选择当前消费和将来消费的效用函数为

$$U = \left[\alpha^{\frac{1}{\sigma_2}} H^{\frac{\sigma_2-1}{\sigma_2}} + (1-\alpha)^{\frac{1}{\sigma_2}} C_F^{\frac{\sigma_2-1}{\sigma_2}}\right]^{\frac{\sigma_2}{\sigma_2-1}}$$

假设当前消费的预期价格是 p_H，并认为储蓄是购买一种储蓄商品 S，其价格为 p_S，则本阶段的消费者行为由下列优化问题描述：

Max U
s.t. $I = P_H H + P_S S$

解之，有

$$H = \frac{\alpha I}{P_H^{\alpha_2} \Delta} \qquad C_F = \frac{(1-\alpha)I}{(P_S S)^{\sigma_2} \Delta}$$

其中，

$$\Delta = \alpha(P_H H)^{1-\sigma_2} + (1-\alpha)(P_S S)^{1-\sigma_2}$$

这样，居民的储蓄额是 $P_S S$，用于当前消费的预算是 $I = P_S S$。

消费优化过程的第二阶段，消费者在除去储蓄额的预算约束下，优化当前消费。假设消费者当前消费的效用函数是 Cobb – Douglas 型函数，则消费者的当前消费行为由下列优化模型刻画：

$$\text{Max} \quad \prod X^\lambda$$
$$\text{s.t.} \quad \sum Xp^* = I - P_S S$$

解该模型，可得到家庭消费需求

$$X = \frac{\lambda(I - P_S S)}{P^*}$$

（5）政府收入和支出。在我国的经济活动中，政府有两种活动，一种是直接的经济经营活动，另一种是提供公共服务。在本模型中，我们把政府的直接经营活动分离到相应的生产部门。模型中的政府部门只提供公共服务的活动。

政府从税收和它的初始资本租金中获得收入。它的支出是为社会提供公共事业服务，转移支付，社会保障和为它使用的劳务支出薪金。在模型中，假设政府的收支平衡。

政府为公共事业提供的支出是最终需求的一部分。在模型中，我们为政府定义了一个定义在所有产品和劳务上的Cobb-Douglas型效用函数。

（6）国外部门。我们用一种简单化的方法来处理国外部门。在模型中，假设国外产品与国内产品没有差异，并且，所有产品既可以进口，也可以出口。对每种产品，假设它们有不变价格弹性的出口需求函数和进口供给函数

$$M = M^0 (P_M^W)^\mu \qquad E = E^0 (P_E^W)^\nu$$

其中，M、E 分别表示进口需求和进口供给，M^0、E^0 是常数，P_M^W 是进口产品的国际价格，P_E^W 是出口产品的国际价格。

为了封闭模型，假设贸易是平衡的，即

$$\sum P_M^W M = \sum P_E^W E$$

将进口需求函数和出口供给函数的表达式代入，有

$$\sum P_M^W M^0 (P_M^W)^\mu = \sum P_E^W E^0 (P_E^W)^\nu$$

产品的国内和国际价格关系由下式确定：

$$P_E^C = eP_E^W \qquad P_M^C = eP_E^W$$

其中，P_E^C、P_M^C分别是出口产品和进口产品的国内价格。e 是汇率，它外生确定。

(三) 税收决策支持系统软件包

在上述模型的基础上，我们编制了一个税收决策支持系统软件包。该软件包可以根据税收决策目的，由决策人选择适当的 CGE 模型结构，输入相应的模型参数后，进行税制（税种、税率）政策的改变对国民经济影响的模拟计算，为税制改革作出事前测算。该软件包的主要特点是：可以根据研究目的，灵活地选择 CGE 模型结构；能同时研究多种税收税率变化的综合影响；对模型参数的变化不敏感，因此对模型参数估计的精度要求不高。另外，该软件包还有操作方便、数据输入简单、能方便地进行多次重复模拟计算的特点。

(四) 税收 CGE 模型的一个具体实现

研制了一个含六部门（农业、工业、建筑业、运输邮电业、商品饮食业、其他服务业）、七个居民分组（最低收入户、低收入户、中等偏下收入户、中等收入户、中等偏上收入户、高收入户、最高收入户）主要用于税制变化研究的 CGE 模型。其主要的工作是编制社会核算矩阵（SAM 矩阵），估计各部门的生产函数、各居民组的消费函数的参数。

所编制的 SAM 矩阵由农业、工业、建筑业、运输邮电业、商品饮食业、其他服务业等六个生产部门，城镇居民、农村居民、非金融部门、金融部门、政府等五个消费群组组成。由于我们是根据城乡居民抽样调查资料、人口抽样调查等数据推算出城乡居民原始收入；又由资金流量表及城乡居民储蓄存款比重推算分解出财产收入等等。这样做可以使 CGE 模型有比较坚实、权威的数据基础。然而，也正是由于这些资料的限制，使得生产部门和消费群组的划分比较粗。

（五）税制改革模拟研究的基本结论

利用上述税收 CGE 模型，我们进行了税率的弹性分析及税率改革的初步研究。

1. 在税率的弹性分析中得到的主要结论

（1）增加各种税的税率，都可以增加居民总收入，这可能是由于"政府收入除用于政府劳务支出外，剩余收入都用于转移支付"这一模型假设所至。

（2）中等偏上及以下的收入户增加所得税税收，将导致国内生产总值、税收总额等宏观经济指标的降低，不利于国民经济的发展，而对高收入户和最高收入户增收所得税，将有助于国民经济的总体发展，并有利于平衡社会收入差距。因此，建议大幅度降低中等偏上及以下的收入户的所得税税率。

（3）提高产业部门营业税税率将直接导致该部门的需求的降低。另外，提高农业部门营业税税率可以同时促进国内生产总值、税收总额等宏观经济指标的增加；提高邮电运输业、其他服务业的营业税率可以增加税收总额，但将降低国内生产总值；提高工业、商业饮食业、建筑业的营业税税率，将导致税收总额和国内生产总值的降低。因此，降低部门营业税税率，甚至取消营业税将有助于国民经济的发展，也会增加政府税收。

（4）提高产业部门的增值税和企业所得税税率，可以从总体上较显著地增加国内生产总值与政府收入，并可有效地增加各部门的需求，而且提高公司所得税税率的效果更好。然而，提高产业部门的增值税和公司所得税税率也会使含税价格提高。另外，提高工业部门的增值税税率会导致国内生产总值和政府收入降低，这可能提示了工业部门的税负较高。

2. 在税率改革研究中得到的主要初步结论

（1）在保证国民经济基本稳定的条件下，将中等及中等偏上的收入组的个人所得税税率下降20%，高收入组的个人所得税税率提高5%，最高收入组的个人所得税税率提高10%，可以促进国民经济发展，降低居民收入差异；

（2）逐步降低部门营业税，提高部门的增值税和企业所得税，直至取消营业税的改革方案是可行的；

（3）在取消营业税的基础上，降低增值税（促进增值税由生产性向消费型转化），适当提高企业所得税的改革方案是可行的。

另外，我们还对税制改革的步骤进行了初步研究，为在保证国民经济基本稳定的条件下完成上述改革提出了一些原则。

（六）税制改革研究报告

本项研究是在我们研制的六部门、七居民组的CGE模型的基础之上进行的。

本CGE模型将居民分为最低收入组、低收入组、中等偏下收入组、中等收入组、中等偏上收入组、高收入组、最高收入组等七个收入组；将经济部门分为农业、工业、建筑业、运输邮电业、商业饮食业、其他服务业等六个部门；涉及个人所得税、营业税、增值税、企业所得税、关税等五个税种。从宏观角度来看，非税部分很难剔除，以及存在着违法减免税收、偷逃税等因素的影响，导致税基不易确定。因此，在本模型的模拟计算中，各种税种税率的税基均按国内生产总值计算。即下文中所指的"税率"均是表示该税收在国内生产总值中所占的比例。

(七)分析结果

1. 税率变化的弹性分析

我们利用上述的 CGE 模型,首先对个人所得税、营业税、增值税和公司所得税进行了弹性分析。

根据弹性分析的数据结果,可以得到一些结论,参见上文(五)中的基本结论。

综上所述,在我国的税制改革中,可以考虑对税种设置和税率作如下调整:

第一步,逐步降低营业税税率,同时提高增值税税率,直至完全取消营业税(税率调整幅度见后述分析),与此同时,降低较低收入户的所得税税率,提高高收入户的所得税税率。

第二步,然后逐步降低增值税税率,提高企业所得税税率,利用税收的杠杆作用促进国民经济的发展和减少全社会收入差距。

2. 个人所得税税率调整政策分析

对个人所得税税率调整政策分析,我们设计了四个方案:a. 中等及中等偏上的收入组的个人所得税税率下降 15%,高收入组的个人所得税税率提高 5%,最高收入组的个人所得税税率提高 10%;b. 中等及中等偏上的收入组的个人所得税税率下降 20%,高收入组的个人所得税税率提高 5%,最高收入组的个人所得税税率提高 10%;c. 中等及中等偏上的收入组的个人所得税税率下降 25%,高收入组的个人所得税税率提高 10%,最高收入组的个人所得税税率提高 15%;d. 中等及中等偏上的收入组的个人所得税税率下降 25%,高收入组的个人所得税税率提高15%，最高收入组的个人所得税税率提高20%。在这四个方案中，均规定中等及以下的收入户的个人所得税税率为零。经测算，这四个方案的主要宏观效果如下：

（1）税收总额增加0.203%，政府收入增加0.203%，国内生产总值增加0.249%；

（2）税收总额增加0.294%，政府收入增加0.294%，国内生产总值增加0.389%；

（3）税收总额增加0.059%，政府收入增加0.059%，国内生产总值增加0.118%；

（4）税收总额增加 -0.072%，政府收入增加 -0.072%，国内生产总值增加 -0.042%。

从总体来看，方案 b 效果较好。方案 b 的其他宏观经济指标变化幅度如表1-4至表1-6。

营业税总额增加0.390%，增值税总额增加0.393%，公司所得税增加0.001%，个人所得税增加 -3.029%，居民总收入增加0.311%。

表1-4　　　　宏观经济指标变化幅度（1）　　　　单位:%

	营业税	增值税	企业所得税
农业	0.400	—	0.416
工业	0.367	0.387	0.378
建筑业	0.378	—	0.393
运输邮电业	0.380	—	0.417
商业饮食业	0.423	0.413	0.461
其他服务业	0.410	—	0.421

表1-5　　　　宏观经济指标变化幅度（2）　　　　单位:%

	总收入	当前消费额	储蓄额	个人所得税
最低收入组	0.246	0.246	0.246	—
低收入组	0.248	0.248	0.248	—
中偏下收入组	0.246	0.246	0.246	—
中等收入组	0.794	0.794	0.788	-20.029
中偏上收入组	1.161	1.161	1.148	-20.019
高收入组	-0.624	-0.624	-0.628	5.366
最高收入组	-3.256	-3.257	-3.366	10.029

表1-6　　　　宏观经济指标变化幅度（3）　　　　单位:%

	商品需求	部门增加值	部门总产出	含税价格	除税价格
农业	0.377	0.392	0.400	-0.109	0.140
工业	0.388	0.387	0.367	-0.142	-0.531
建筑业	0.388	0.385	0.378	-0.110	-0.110
运输邮电业	0.424	0.422	0.380	-0.104	0.141
商业饮食业	0.422	0.413	0.424	-0.109	-0.198
其他服务业	0.422	0.417	0.410	-0.106	-0.316

3. 工商税收和公司所得税税率调整政策分析

根据多次模型模拟测算，采取下列步骤进行税率调整比较稳妥，可以保证国民经济基本稳定。

（1）将农业、建筑业、运输邮电业和其他服务业的增值税税率调整到5%；

（2）将所有部门的营业税税率减少10%，将农业、建筑业、运输邮电业和其他服务业的增值税税率增加10%，企业所得税增加10%，个人所得税税率按上述方案；

（3）逐步降低营业税税率，提高增值税和企业所得税税率，直至营业税税率降低为零。由于本模型是一个静态模型,无法做该调整过程的动态模拟,但从静态单项分析来看,营业税税率按5%的幅度降低,增值税税率和企业所得税税率按5%的幅度增加对保持国民经济稳定发展较为有利。

从测算结果看,第一步调整对整个国民经济没有大的影响,第二步亦然,但会引起价格的较大幅度的波动。

三、同业税负分析理论及其在税收管理工作中的应用[①]

税收负担可笼统地定义为税收与税源的一种比例关系,其最终形成则取决于经济结构、税收政策和征管强度等综合因素的作用。综合作用的影响,模糊了税收负担的可比性,也局限了税收负担在税收管理工作中的应用研究。突出税收负担的可比性,就要求剥离影响税收负担形成过程中的诸多影响因素,集中考虑其中某一因素的影响并解析其规律特征,才能为完善税收管理体系提供数据支持。同业税负分析就是为解决税收负担可比性的矛盾提出的一项税收负担研究领域。

同业税负的一个特点就是具有可比性,其有三个基本假设前提:一是同一行业或同一产品的生产技术和工艺相近;二是同一行业或同一产品的原材料和能源消耗相近;三是同一行业或同一产品适用的税收政策同一。由此排除了税收负担中经济结构的影响、税收政策的影响,使影响税收负担的因素集中于税收征管,

---

① 国家"863"项目《电子政务工程》"税收宏观分析"研究课题,项目负责人:许善达;课题成员:吴新联、焦瑞进、刘新利,《税务研究》,2003年第11期。

强化了可比性。

本文从税源到税负的价值转换过程入手，构建了同业税负分析理论体系，开发了以同业税负为参考系的征收力度测算模型，并提出了以同业税负为对象建立税收预警管理机制的思想，从而总结出了一套较为完整的同业税负分析方法体系，解决了过去税收负担分析不具体、不可比、不能应用于税收征管实践的"瓶颈"问题，填补了税收负担分析领域的空白，丰富了税收数据应用分析的内容。

（一）同业税负分析内涵

1. 问题的提出

税收负担，概括地说是税收与税源的一种比例关系。这一比例关系，既体现了社会新增价值中的分配关系，又反映了从税源到税收的税收经济产出关系，是联系税收与经济关系的一项最直接的综合性指标。一般来讲，宏观税收负担的形成主要受三个因素的影响：经济结构、税收政策和征收力度。由于受诸多因素的影响，宏观税收负担的可比性模糊不清，其应用研究也多局限于宏观税收经济问题。为了将税收负担分析引入税收管理实践工作中，就必须要突出税收负担的可比性，这就需要剥离影响税收负担的诸多因素，突显个别因素，特别是税收政策因素和税收征管因素，只有这样才能为税收管理实践提供客观具体的数据支持。剥离税收负担中经济结构的影响因素，其基本思路是开发同业税负的分析研究。

2. 同业税负

同业税负与行业税负虽然只是一字之差，但两者之间的内涵却差之千里，是完全不同的概念。行业税负是指某一行业税收总量与税源总量之间的比例关系，是一项反映行业税收经济关系的数据指标，是一个具体数值。它可以是一个行业所有税种税收总量负担概念，也可以是该行业一个税种税收总量负担的概念。口径定义可依据研究目的不同自行定义。同业税负是指同一行业税收负担形成过程中所表现出的税收与经济的一系列相关关系，包括个体与整体的相关关系、个体之间的相关关系，以及由这一系列关系所反映出的行业税收经济关系的规律特征。同业税负研究就是要研究同一行业个体与整体、个体之间税收负担的相对关系，同业税负分析就是要找出同一行业各种税收负担关系所具有的规律特征，并总结这种规律特征，为税收征管实践提供数据支持。具体说，同业税负研究的内容应包括：行业税负水平，同一行业个体税负实际状况、相对关系及由其相对关系所决定的征收力度，同一行业个体税负的离散情况、规律特征及其在税收管理实践中的指导意义等。

（二）同业税负研究的意义

同业税负丰富的内涵及其形成过程与税收征管密切的内在关系，决定了同业税负的深入研究对税收分析理论及税收管理工作都具有十分重要的意义，具体表现在以下几个方面：

1. 强化税负分析的可比性

税收负担多因素影响的模糊性，使得长期以来无法进行地区之间、企业之间的税收负担比较，这种税负的不可比性决定了无法利用税收负担指标清晰地认识地域间的税收经济关系以及企业税收的征管状况。同业税负的研究，以行业税负为切入点，剔除了经济结构的影响，细化了比较关系，找到了税负可比的支撑点，解决了地域税负、企业税负的可比性问题。

2. 建立行业税负客观标准

通过抽样样本进行同业税负水平的测算，可以给出现行税制和现有征管条件下各个行业的客观税负水平。以此为参考标准，分析指导全国的税收征管工作。

3. 为考核征收力度提供理论基础和数据支持

同业税负的可比性为考核税收征收力度提供了理论基础。由于同业税负剔除了生产技术差异和税收政策差异的影响，其税负的形成就集中表现为税收征管因素的影响。通过同一行业个体税负相对位置的测算，就可以表明相同税源条件下税收的征收情况，也即确定了个体税收的征收力度。

4. 为建立税负预警机制提供理论基础和数据支持

预警机制是在对事物规律特征研究的基础上，通过鉴别异常事件，预报警示信息。同业税负的研究，就是解析同一行业样本个体税负的相对关系、离散状况及由此决定的规律特征。因此，同业税负的理论研究，也就为税负预警机制奠定了理论基础，同业税负关系的测算为税负预警提供了数据支持。

（三）同业税负分析内容及相关模型

1. 同业税负分析基本内容

同业税负分析研究的基本内容有四个方面：一是行业税负水平测算；二是征收力度分析；三是税负预警分析；四是税负原因分析。见图1-3。

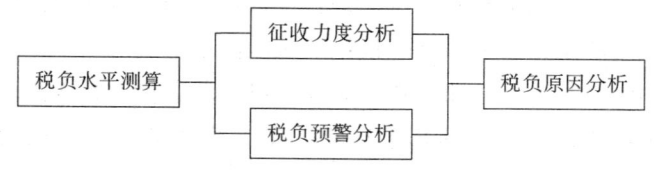

图1-3 同业税负分析基本内容与步骤

行业税负水平是指在现行税收政策和现有征管条件下一个行

业实际税收负担的客观水平，在数值上体现为一个行业税收总量与税源总量的比例关系。行业税负水平是同业税负分析的切入点，是同业税负后续分析内容的主要参考基准。行业税负水平测算就是在考虑行业样本数量与质量等统计条件的基础上测算出行业的实际税负水平。

征收力度是反映同样税源条件下税收征收强度的指标，可以用同一行业样本个体税负的相对值具体体现。征收力度分析就是分别测算行业样本个体的实际税负值，通过相对值指数化处理，确立个体税负的相对位置，明确征收力度的差异。

税负预警就是针对异常税负事件予以警示报告。税负预警分析，就是通过对同一行业样本个体税负离散状况的分析，总结个体税负相关关系的规律特征，并参考这一规律特征查找异常税负事件的分析工作。离散度是建立税负预警机制的一个重要参考值。某一行业的样本离散状况在一定程度上反映该行业税收经济关系的复杂性和税收管理的现状。离散度越大，说明情况越复杂，要求设定的预警区间范围也相应较宽。

税负原因分析是针对征收力度偏低地区或企业、税负预警地区或企业就其形成的原因开展的系列分析。

2. 相关模型与分析思路

（1）税负计算公式。

$$税收负担 = \frac{实际税收总量}{相关税源总量} \times 100\%$$

（2）征收力度测算模型。

①同业税负的计算。

$$TB_{ij} = \frac{TAX_{ij}}{CR_{ij}} \times 100\% \tag{1}$$

TB：税收负担

TAX：税收

CR：计税收入或所得

i：地区

j：行业

②税负相对值。

$$\hat{TB}_{ij} = \frac{TB_{ij}}{TB_j} \tag{2}$$

TB_j：行业税负水平

③综合征收力度。

$$\hat{CTB}_{ij} = \frac{\sum \hat{TB}_{ij}}{N} \tag{3}$$

N：涉税行业数量

（3）税负预警测算模型。

①行业税负水平。

$$TB_j = \frac{TAX_j}{CR_j} \times 100\% \tag{1}$$

②行业税负离散度。

$$S_j = \frac{\sum |TB_{ij} - TB_j|}{N} \tag{2}$$

③税负预警线。

$$RATB_j = TB_j - S_j \tag{3}$$

（4）税负原因分析思路。税负原因分析应围绕同一行业税负形成过程中所表现出的各种关系及规律特征展开。一般来说，最终实际税负的形成，从税源到税收涉及的因素和环节应包含税源、税基、税率、应缴税金和实缴税金等五个基本环节。围绕这五个环节可以逐一查证税收入库率、应缴税金的计算、税基申报与税源规模关系等，分清税收问题的类型和性质，提出解决问题的措施意见。

(四) 同业税负分析在税收管理工作中的应用

运用同业税负研究分析的思路，我们对 2002 年的企业税收调查资料进行了分析测算，基本情况如下：

1. 整体税负情况

2002 年度上报增值税一般纳税人调查企业共计 214 006 户，满足增值税行业税负测算条件的企业有 209 318 户，涉及计征增值税销售额 102 974 亿元，实缴增值税 3 916 亿元，平均企业增值税税负为 3.8%，比 2001 年降低 0.07 个百分点。其中工业企业税负为 4.87%，商业企业税负为 1.37%。满足测算条件的重点中类行业 41 个。其中：有 31 个行业的行业税负高于整体平均值，占行业个数的 75.6%；有 10 个行业的行业税负低于整体平均值，占行业个数的 24.4%。

2002 年度上报营业税纳税人调查企业共计 57 629 户，满足营业税行业税负测算条件的企业有 53 272 户，涉及计征营业税收入 19 208 亿元，实缴营业税 741 亿元，平均企业营业税税负为 3.86%，比 2001 年降低 0.22 个百分点。满足测算条件的重点中类行业 34 个。其中：有 17 个行业的行业税负高于这一平均值，17 个行业的行业税低于这一平均值，各占 50%。各行业的行业税负基本接近适用法定税率，并按法定税率高低依次排序。

2. 行业税负离散状况

41 个增值税涉税行业中，离散度最大的行业是石油天然气行业，离散度最小的行业是商业批发业，最大最小两者之间相差 10 多倍。34 个营业税涉税行业中，离散度最大的行业是娱乐业，离散度最小的行业是电信及其他信息传输服务业，最大最小两者之间相差约 20 倍。

3. 征收力度比较

征收力度以各地区各个行业的实际税负水平在全国的相对位置的积分表示。增值税征收力度最高地区的积分为 1.18，最低的地区积分只有 0.85，高低之间相差 0.33 个分值。营业税征收力度最高地区积分为 1.17，最低的地区积分只有 0.84，高低之间相差也是 0.33 个分值。

4. 税负预警情况

行业税负特征分析，在税收管理工作有着广泛的应用前景。从宏观税收制度的建设和税收政策的调整，到微观税收征管的考核和纳税评估，行业税负分析都可以提供客观、丰富、翔实的数据信息，为改善税收征管环境、充实税收管理内容提供服务。

四、正确认识和使用税收负担[①]

随着加强税源管理和深化税收分析工作的需要，宏观税收经济负担已成为税务部门认识税收经济关系、考核税收工作重要的分析考核指标，并被各级税务机关广泛地接受和使用。但纵观各种媒体文章、分析报告和相关文件精神，发现很多地方对这一分析指标概念不清、应用不当，一定程度上影响了开展这一数据指标分析应用的初衷，不仅误导分析工作，更为重要的是混淆视听，严重地影响了人们对这一数据指标的正确认识和应用。为此，简谈一下作者对此指标的认识和应用体会。

---

① 吴新联、焦瑞进以题为"税负分析不能简单比税负高低"刊发于《中国税务报》，2006 年；首次提出不能以宏观税负高低简单地考核各地税收征管工作，更不能武断地以此作为调剂各地税收计划任务的依据。

（一）税收经济负担的基本内涵

税收经济负担，从计算口径来认识，是指税收与税源的比例关系。之所以称其为税收负担，源于纳税人视其同生产经营过程中发生的成本费用支出或消费者额外支出负担一样，形成了纳税人的负担。所以其计算公式同成本费用率，是税收与经营收入的比例关系。将这一理念引入宏观税收经济关系分析中，由于宏观经济总量的代表性指标是国内生产总值（简称 GDP），所以宏观税负的计算口径就演变为税收与 GDP 的比例关系。

到此可见，有两个问题需要澄清：一是计算口径；二是概念内涵。

1. 计算口径

关于计算口径，从具体纳税人联想成本费用支出的负担认识，计算关系的分母要用经营收入；引入宏观税收经济关系，税收作为增加值和国民收入分配的一部分，分母又演变为 GDP；考虑到微观与宏观的一致性，微观税负计算口径的分母也可引用增加值。由此看，计算税收负担有用 GDP 的，也有用经营收入和增加值的，那么到底税收负担的计算口径应该是什么呢？综合上述各种情景可知，随着税收分析的角度和可比口径的需要，其计算口径的分母不是唯一的。宏观分析，可与总产值比，也可与国内生产总值比，常见是与国内生产总值比；微观分析，可与经营收入比，也可与税基、计税收入或增加值比。与经营收入比，一方面体现视同成本费用的负担，另一方面也是各税种均涉及的税源的最前端，而且概念通俗易懂，易被广泛接受；与税基和计税收入比，多用于税收政策法定适用税率与实际税负关系的研究；与增加值比，多用于研究宏观、微观一致性的研究。所以，关于税收负担的口径概念，通常不要说得太局限了，而要给出一个大的、更宽泛的概念，称之为"税收与税源的比例关系"。

2. 概念内涵

税收负担是说明税收经济关系最直接的数据指标，其基本概念是税收与税源的比例关系，但这一比例关系有着十分丰富的内涵，具体有以下三个方面的含义：一是体现纳税人承受的负担；二是说明国民收入分配关系；三是反映税收征管的力度。

税收负担有如此丰富的内涵，是由作为分母的税源内容计算口径的丰富性所决定的。税收与税源的这种比例关系：当与纳税人的经营收入比时，体现为纳税人的支出，形成了纳税人的实际负担；当与增加值比时，税收作为增加值的一个重要组成部分，反映了国家、资产所有者和劳动者的收入分配关系；当与应税收入比时，口径与税法规定的计征关系一致，其实际比例关系体现着税收的征收力度。由于各税种的税源从收入、增加值、利润到劳动者报酬，存在着密切而确定的逻辑计算关系，所以不论作为税源分母的是收入还是增加值，都可在一定程度上反映税收负担所包含的上述三项基本内容。

（二）税收分担的影响因素

税收负担表面看是税收与税源一种简单的比例关系，但这一比例关系的最终形成却不简单。特别是宏观税收负担，其最终形成要受诸多因素的影响和制约，其中主要的三大影响因素是经济结构、税收制度和征收管理。

一个国家国民经济结构的不同，对其宏观税收负担的形成会产生重大的影响。不同的行业受垄断与非垄断、产品技术含量价值等市场机制的客观作用，其增值幅度和利润空间是截然不同的，由此导致的一定税源条件下的税收产出贡献率差异很大。因此，一个国家、地区税负的高低要受其经济结构的影响。

国家、地区之间税收制度的不同，对其宏观税收负担的形成会起决定性作用。在描述税收经济关系问题上，人们常说"经济决定税收"。但经济如何决定税收，是以税收制度为前提的。这其中，经济活动及其规模受社会生产能力和供求关系因素的影响是一个客观量。在这一经济总量的基础上，对哪些活动和行为征税则是由税制确定的。由于税制确定了税源范围，宏观经济的理论税负也就由此确定了。

在经济结构和税收政策不变的条件下，税收计划任务的轻重、征管基础、措施和手段的有效性及其产生的征收力度的大小都会影响税负的高低。这方面的影响称之为税收征管因素的影响。

（三）税收负担关联性

税收负担是税收与税源的比例关系，这一比例关系从时间的维度上看可与税收弹性建立关联分析，从形成要素的角度上看可与税收征收率建立关联分析。通过上述各项指标的关联性分析，可以更透彻地认识和把握各项指标的内涵和联系。

1. 税收负担与税收弹性的关系

由于税收负担是税收与税源的比例关系，所以该指标是说明税收经济关系最直接的分析指标。税收变化弹性是税收增长与税源增长的比例关系，所以该指标也是说明税收经济关系的重要指标之一。两者都说明税收经济关系，但基本区别是前者是一项静态分析指标，而后者则是从动态的角度来认识税收经济关系。由于税收变化弹性是不同时间税收经济负担变化的比例关系，所以对于某一个国民经济核算对象来说，在其经济结构与税收政策不变的条件下，两项分析指标之间必然存在下列关联关系：

税收负担提高,必然导致税收弹性 >1;

税收负担不变,一定表现为税收弹性 =1;

税收负担下降,则意味着税收弹性 <1。

从上述两项分析指标之间的关联性看,使用这两项指标评价税收工作其意义是一样的,税负高低的变化就是税收弹性围绕着参考值 1 上下波动的体现,两者之间没有实质性的差别,只是表现形式不同而已。

2. 税收负担与征收率的关系

征收率是税收征收效能的直接考核指标,税收负担是说明税收经济关系的直接分析指标。初看,两者各有自己的分析应用领域,认识事物的本质就会发现这两者实际上是同一事物分析的两个方面。认识两者之间的同一性,首先要清楚两项分析指标的关联性。

(1) 关联性理论推导。所谓征收率,是税收征收结果与纳税能力的对比关系,是直接反映和考核税务机关征收效能的重要指标,其计算公式如下:

$$征收率 = \frac{实际征收入库数}{纳税能力} \times 100\% \tag{1}$$

所谓税收负担,是税收与税源的比例关系。因此,该指标是从静态说明税收经济关系的重要分析指标,其计算关系式如下:

$$税收负担 = \frac{税收总量}{税源总量} \times 100\% \tag{2}$$

税收负担从税法规定到实际征收,又可分别由下式表述之:

$$理论税收负担 = \frac{纳税能力}{涉税经济总量} \times 100\% \tag{3}$$

$$实际税收负担 = \frac{实际税收入库数}{涉税经济总量} \times 100\% \tag{4}$$

考核实际税收负担贴近税法规定的程度,即征收到位与否,其基本方法是用实际税收负担比理论税收负担，即用公式（4）比公式（3），比较结果如下：

$$\frac{实际税负}{理论税负}=\frac{\dfrac{实际税收}{涉税经济总量}}{\dfrac{纳税能力}{涉税经济总量}}=\frac{实际税收}{纳税能力}=征收率 \qquad (5)$$

从（1）式到（5）式，虽然公式的表现形式不同，但推导的结果说明两者反映的内容都是一回事。税收负担从税收经济关系贴近税法规定的程度反映税收征管效能，征收率从征管效能的角度认识税收经济关系贴近税法规定的程度。

（2）关联指标内涵。虽然征收率和税收负担可以用于反映和分析税收征收效能这同一事物，但是并不排除这两项指标有其各自丰富的内涵和特点。

征收率以反映征管质量和征收效能为主，间接地可以认识税收经济关系贴近税法规定的程度。同时这一指标简洁直观，可以用清晰的数字说明税收征收效能和税收经济关系贴近税法规定的程度。以实际征收数与纳税能力的比值为参考标准：当这一比值等于1时，表明实际征收结果与纳税能力相匹配，说明税收经济关系与税法规定相吻合；当这一比值小于1时，表明实际征收不到位，说明税收经济关系低于税法规定的要求；当这一比值大于1时，表明实际征收过头，说明税收经济关系大于税法规定的要求。

税收负担，取得这一数据往往是实际税收负担，它可以直观地给出税收经济关系，即税收经济比例关系，但并不能直接地给出税收征收效能的情况和税收经济关系到位与否的判断。所以说这一指标更加隐晦，只有将其与理论税负作比较，才能反映征收效能与税收经济关系贴近税法规定的程度。同时，由于税收负担的形成凝聚着经济结构、税收政策和税收征管等诸多因素的影响，所以说税收负担包含的内容更丰富，值得研究的视角更复杂，反映的情况既极具内涵又隐晦难解。因此，单依据实际税负这一指标，谁也无从说起税收经济关系的合理性与合法性。

(四) 正确应用

正确应用税收负担指标开展分析工作，就要全面认识税收负担的本质内涵和经济要素的关联性。从本节前边论述可知税收负担的内涵十分丰富，形成受多种因素影响，这就决定了税收负担决不是一个简单可比分析指标。本文前边税收经济负担关联性分析，就为正确地开展税收负担分析奠定了分析理论基础，指出了基本分析思路。比如，学术上经常进行国际税收负担的研究比较，比较经济发达国家与经济发展中国家税收负担的差异。这种研究旨在从国民收入分配关系认识税收政策与经济发展的关系。从国民收入分配关系角度看，税收负担是可以比较的。从税收负担与征收率的关联性可知，不论税负的高低，征收率都可能等于1。当一个地区的税负高于20%时，未必其征收率就接近于1；反之，一个地区的税负低于10%，其征收率未必就不等于1。这一点在理论推导上说得明明白白，征收率是否等于或接近于1，不是由税负的高低决定的，而是由实际税负与理论税负的贴近程度决定的。同时，一个地区的税收负担的形成是受经济结构、税收政策和税收征管诸多因素的影响，各地税负的高低与否没有直接可比性。

那么各地的税负如何比较呢？有两种途径：一是同业税负的比较；二是税负位差的比较。同业税负的比较，由于剔除了经济结构的影响和税收政策的影响，所以综合各行业的税负情况可以计算出一个地区的征收力度①。税负位差是指实际税负与理论税负的差值。上述所说的税收负担不可比，是指不能简单地比较税负的高低，而应比其合理性，以及与理论税负的贴近程度。如果硬要比高低，高就是指接近理论税负的程度，低就是指远离理论税负的程度，这仍然是个位差的概念。所以研究各地税负的合理性，不是看其税负高与低的绝对位置，而是看其实际税负与理论税负位差的排序。

同业税负与税负位差两种分析方法中，由于税负位差需要计算理论税负，必须进行纳税能力估算，所以应用难度较大。也就是说，得不出纳税能力，就无法实现税负位差的分析。由于纳税能力的估算一方面难度大，另一方面尚不为地方认识和重视，故目前同业税负的分析较为普及流行，更为适用。

五、关于年初税收预测模型的研究

（一）问题的提出

管理者一般都希望、也有必要在历年之初对管理的事物有一个全年的估计或预测。预测的基本思路：一是找规律、找关系建模；二是找特征、找因素修正。遵循这一基本思路，全年税收总量的预测有很多方法，其中时间序列法和税收经济关系回归法是两种基本选择。但是一方面，从近几年的实际数据看，时间序列数据的规律性不强，税收经济关系的相关性不是太好。另一方

---

① 见《税源监控管理与数据应用分析》和《微观税收分析指标体系及方法》，中国税务出版社 2005 年版和 2012 年版。

面，经济管理部门或国家统计部门权威预测的GDP出炉较晚，据此预测税收收入有"相见恨晚"的感觉。因此，用时间序列法或税收经济关系法这两种方法预测的结果都达不到适用要求，其缺点表现在两个方面：一方面偏差较大，可信度不高；另一方面不能满足预测的时效要求。

（二）研究思路

为了解决上述问题，须另辟蹊径，找出一种科学适用的预测方法。所谓预测，就是要求在年初能对全年的数据有一个整体的估算，这就需要研究年初税收数据与全年税收收入有什么样的规律或相关关系可循。通过对税收月份数据与年度数据关系的整理研究，可总结出以下几个方面的关系：

1. 固定组成部分

1月份占全年月份数量的1/12，按天数算有31天，这两组数据固定不变。2月份也占全年月份数量的1/12，但天数是变化的，并且春节通常在2月，故存在的变数较多。3月以后各月的组成部分虽然也固定不变，但时效性都不如1月强。由此得出，1月份在时间上存在规律性且固定不变，相比2月用1月的数据来预测条件最好。

2. 月份数据分布有规律

在证明时间规律的基础上，第二个环节就是要说明各月税收数据是否有规律性。从2004年到2006年连续三年税收数据的月分布规律看，有明显的规律性[①]。具体表现在：一是三条分布线走势极为相近；二是三条线两两间相关系数极高，均在0.965以上。由此说明，可以找到1月份数据与全年数据的规律关系，用

---

① 2007年做的工作，简单地引用了前3年的数据。

1月份数据预测全年税收情况有一定的科学性，可信度较高。

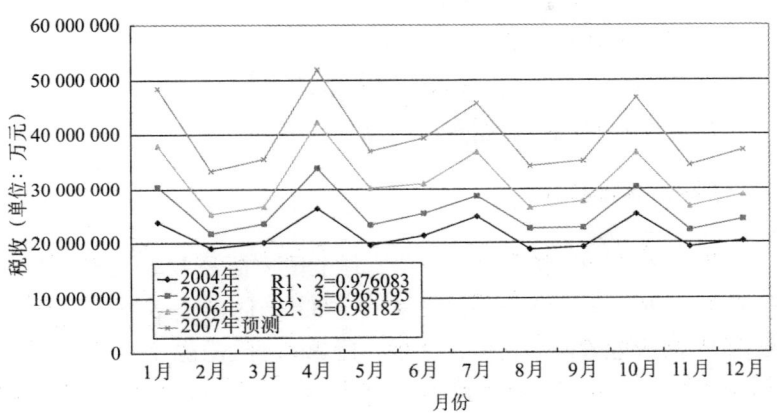

图1-4 全国税收月份分布规律图

3. 跟踪预测

在1月份预测的基础上，再应用1、2月两月平均数和1、2、3三个月的平均数跟踪预测，会取得更为逼近的预测效果。

（三）回归模型及参数

首先分别测算1994年以来[①]税收收入历年1月数据，1、2月平均数和1、2、3月平均数与全年数据的相关性，结果分别为：0.998826，0.999309和0.999169。相关性极高，以此回归的预测模型偏差就不会太大，预测可信度较高。三个回归模型如下：

1月数据的回归式：

---

① 引用1994年税制改革以后的数据，在政策影响因素方面较为一致，相对稳定，有一定的可比性。

$Y = 9.30641X + 2\,660.479 \pm \delta$

1月和2月平均数的回归式：

$Y = 11.01661X + 2\,363.776 \pm \delta$

1月、2月和3月平均数的回归式：

$Y = 11.77131X + 1\,563.187 \pm \delta$

（四）预测结果

按上述回归模型预测，代入1月全国实际税收收入4 843.19亿元后，预计全年税收收入会在47 733.2亿元上下浮动，增长额约在10 096.63亿元上下浮动，增幅约为26.83%。上下浮动偏差±517亿元，约为预测收入的1.08%。考虑到2007年全国经济形势继续向好，税收征管随着税源管理的完善将进一步加强，税收收入会在这一预计数的基础上上浮。若无大的税制改革出台或税收政策的调控，全年税收收入增长额有望首次突破10 000亿元大关①。

待2、3月份数据出来后，将在此基础上做进一步的跟踪预测。

（五）分布

总结前三年全国税收收入的月分布规律，2007年实现的税收将会呈现表1-7的数据分布，继续呈现税收数据下半年小于上半年的形态。2月份为最低点，月收入约为3 340亿元；4月份为最高点，月收入有望达到5 191亿元（见表1-7和图1-5）。

---

① 2017年全国税收收入实际情况，"据国家税务总局元旦快报，2007年全国税收收入完成49 442.73亿元，比上年增收11 806亿元，增长31.4%"，验证了上浮的基本判断。

表1-7　　　2007年预测税收收入月份分布表　　　　单位：亿元

上半年	1月	2月	3月	4月	5月	6月
24 560.49	4 843.19	3 340.25	3 555.51	5 191.49	3 697.49	3 932.57
下半年	7月	8月	9月	10月	11月	12月
23 348.28	4 570.17	3 430.25	3 518.78	4 672.78	3 443.22	3 713.09

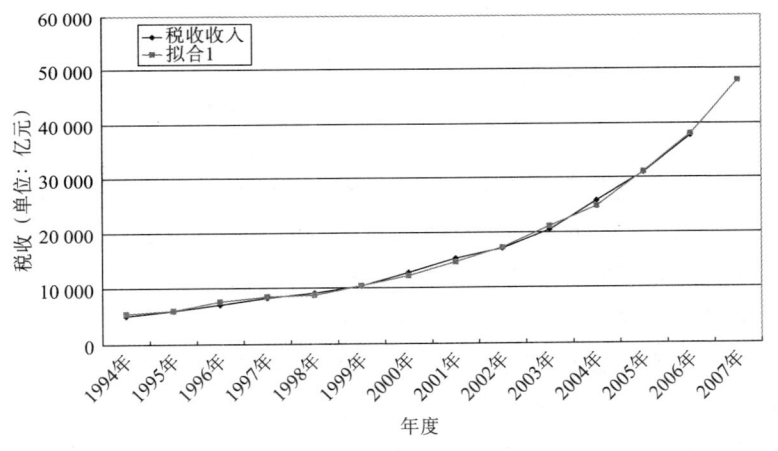

图1-5　全国税收收入年初预测拟合图

六、申报率推算——税源分析的新途径[①]

纳税人的税收申报情况，是税收征管工作考核的一项重要内容。通过对纳税人税收申报情况相关指标的统计，可以从税源管

---

① 原文刊发在《税务研究》2007年第二期（有改动）；同时被国家税务总局办公厅编辑的内部资料《税收经济调研》采用；首次以"大数据思维"方式挖掘数据矛盾之处质疑税收"征管考核六率"的算法问题。

理的角度认识税源状况，评价税收征管工作。随着税收综合征管信息系统（以下简称CTAIS2.0）在全国国税系统的推广普及，有效地利用CTAIS2.0有关数据资料开展税收申报情况的统计分析，并以此指导基层的税收征管工作，是当前深化税收分析工作的一项急迫任务。现在以增值税纳税人申报信息为例，介绍一种新的税源分析方法——申报率推算。

（一）问题的提出

1. 申报率的概念解析

申报率的基本概念是指纳税人实际申报户数与应申报户数的比例关系。这一指标可以从纳税人实际申报面的角度反映税收征管质量，是税收征管考核的重要指标之一，所以税收综合征收信息系统内设有此项指标的直接查询功能。

申报率推算则是以纳税人实际申报户数为基础，利用不同纳税人识别码统计各月申报户数与申报户数总量关系，来推算申报率的一种分析方法。这种方法以各月申报户数为分子，以各月申报户中不同纳税人识别码的累计户数为分母，完全用实际申报在册的这两组数据的比例关系反映税源情况和征管情况。

2. 新方法提出的背景

随着申报率这一指标作为征管考核指标的应用实施，一个明显的现象是各地的申报率普遍都达到了99.5%以上。是加强征管考核有效地促进各地征管质量提升了吗？带着这一问题，对税收综合征管信息系统的数据进行挖掘，呈现出一系列的数据矛盾需要解决。一是从申报率查询得出的申报户数与申报征收查询统计出的申报户数不一致，这其中可能既有应申报而未申报的情况，也有一户纳税人多次申报的情况；二是作为分母的应申报户数是如何统计出来的，为什么与税务登记反映的数据不一致。特别是应申报户数在征管系统中没有给出明确的口径定义以及与税务登记数据的相关计算关系，该计算结果就很难有说服力。为此，有必要从申报户数的相关数据，换一种角度统计申报信息，分析申报情况。在此背景下，为了从申报信息中挖掘出更多可供参考的内容，可以用各月申报户数为分子，以各月申报户中不同纳税人识别码的累计户数为分母，用实际申报产生的这两组数据的比例关系作为累计在册的申报率推算分析申报情况。

3. 两种分析方法的利弊

申报率的优点是计算简单，反映情况直观，但同时给出的信息也单一。所以，这一指标虽然重要，它也只能是一项征管考核的指标。同时，由于应申报户数在时间、范围等口径确认上值得商榷的问题较复杂，可回旋的余地较大，导致考核的结果往往整体偏高，从现实情况看各地申报率均在 99.5% 以上。

利用申报数据进行在册申报率的推算，其优点是数据客观实在、信息内容丰富、方法有理有据，其缺点是数据加工整理复杂、反映内容含蓄间接、分析方法技术含量要求较高。这一方法可反映的内容有如下几个方面：（1）税源规模，这一分析方法要求列示一段时期的申报户数，按申报率接近 100% 的现实标准推定，申报户数本身即反映了税源规模；（2）税源变化趋势，由于这种分析方法需要整理一段时期的申报户数，这组申报数据可直接反映税源的变化趋势；（3）纳税人构成的稳定程度，通过对推算申报率的差异分析，可以说明当地纳税人构成情况的稳定程度；（4）说明征管工作，通过申报率推算过程中一系列数据指标的逻辑关系分析，可以从某种角度揭示税收征管工作漏洞和薄弱环节。

比如，推算申报率持续稳定增长，则反映税源的稳定性较好，同时也说明税源监管在申报环节的工作较为有效。在具体应用这一指标时，评价其高低是否适当，还需要进一步考虑各月申报户数变化的差异率。这时可用"离散系数"这一指标来衡量各月申报户数变化的差异率。如果一个地区该离散系数越高，说明新增或注销企业户数越多，月份之间的差异就越大。反之，则相反。由此可以推断，如果一个地区该离散系数很小，累计推算申报率又不高，则可以推断该地区申报率偏低。

（二）分析内容及数据整理

1. 分析内容

为了满足税收征管和税源监控工作的需要，申报率方面的信息应包括申报户数中不同纳税人总量、月申报数量、以此计算的申报率、申报次数统计、申报率差异因素分析、未申报户的规模、未申报户的分布频率等相关信息。

2. 数据整理

开展纳税人申报情况的分析，首先要从 CTAIS2.0 系统下载相关信息。在没有专用分析系统的情况下，可将所需信息以 EX-CEL 的文件格式下载，并用 EXCEL 软件进行数据的挖掘整理。

第一步，分期下载纳税人税收申报信息，主要内容包括纳税人识别号、企业名称、行业代码、注册类型代码、主管税务机关代码等信息。

第二步，整理统计出不同纳税人的总数、各纳税人申报次数。

第三步，按时间、行业、主管税务机关等不同分类情况和分布频率分类，分别统计所需相关信息。

（三）实例分析

以下面随机抽取下载某一基层税务局 2005 年若干月份的实

际数据为例，就上述分析方法进行具体的介绍，主要内容如下：

1. 申报率测算情况

以某基层单位 2005 年 1 至 9 月份的数据为例，可以看出 1 至 9 月份各月的申报企业户数不一样，最多的一个月有 5 879 户，最少的一个月有 5 687 户，两者相差 192 户。差别如此之大，意味着有相当一部分企业的申报没有规律。对这一问题进行统计分析，可以在一定程度上反映税源状况和税收征管情况。

数据统计显示，前 9 个月中纳税人识别码不重码的申报户共计 6 636 户，以此为分母计算的累计推算申报率各月的平均水平为 86.88%，低于规定申报率 13.12 个百分点。

由于各月都有新增企业或注销企业，此类变化无疑会对申报率产生影响。以这一实例来看，其各月申报户数的环比差异率合计只有 7.78%，离散系数只有 0.0091，因此推算申报率平均水平为 86.88%，明显有些偏低（详见附表 1）。

分纳税人类别来看，一般纳税人的累计推算申报率为 94.12%，工业小规模纳税人为 85.6%，商业小规模纳税人为 74.41%。三者之中：一般纳税人的申报状况最好，这一申报率较高，表明纳税人变化波动不大，新旧替代或漏报情况较少；工业小规模纳税人次之，这一申报率居中；商业小规模纳税人的申报情况最差，这一申报率较低，表明纳税人变化较大，新旧替代或漏报情况较为严重（详见附表 2）。

2. 申报次数统计

为了说明累计推算申报率偏低的原因，就需要对企业的申报次数进行统计分析。申报次数是指纳税人在统计所属期累计申报的次数。一个正常经营企业申报次数与月份序号相同为正常，申报次数小于月份序号即存在少申报行为，申报次数大于月份序号即存在查补或多次申报行为。对于少申报的企业有三种可能：一是新增纳税人；二是淘汰纳税人；三是未申报纳税人。

该单位统计结果显示，每月均申报的企业有 4 892 户，占申报企业总量的比例只有 72.29%。从分类情况看，一般纳税人的这一比例最高，也只有 83.90%。工业小规模纳税人和商业小规模纳税人这一比例都较低，分别只有 70.32% 和 56.80%。由此可见，有相当一部分企业不是每月都申报。虽然这里不排除有正常的新增和注销企业，但 60%—70% 的申报率明显偏低（详见附表 3），特别是商业小规模纳税人，在不到一年的时间就有 40% 的变更率不得不令人质疑。

3. 相关数据比对

从税种登记信息查询该单位有关增值税纳税人 1 至 10 月的登记情况，新开业增值税纳税人 83 户，注销、待注销、非正常户和停业共计 115 户。从停业信息查询查得各种停业户 127 户。三组数据合计 325 户，与未每月申报的 1 875 户相比，差异仍然很大。

从税务登记信息查询，1 至 10 月登记的涉及增值税纳税人 3 027 户，其中：1 839 户开业、51 户迁入、1 户筹建期、14 户待注销、11 户非正常、898 户临时商户、140 户停业、113 户注销。扣除临时商户，涉及申报变动的企业应为 2 129 户，比未每月申报的 1 875 户多 254 户，差额有较大幅度的缩小。

通过以上比对，发现两个问题：

（1）两组开业登记信息差距较大，说明在相关管理环节上存在管理不到位的问题，不同管理环节之间也存在管理不同步的问题；

（2）新开业户加上迁入户再减去各种减少的无需申报的户，净增的申报户应为 1 611 户。但是，将 10 月份和 1 月份的申报户数进行比较，其净增额只有 113 户，远低于 1 611 户，说明有相当多的企业没有进行申报,这从另外一个角度直接支持"该地区申报率偏低"这一判断。

(四) 措施

该单位数据统计显示,每月未申报企业的比例较高,从某种角度提示有必要采取措施,加强管理。

1. 关注未申报现象

对于未每月申报的企业,需要逐一调查核实情况,并详细统计相关信息。其中要统计新注册和注销的企业各有多少,特别要了解正常经营而未申报的企业有多少,并弄清原因。

2. 定期统计申报信息

纳税人申报情况,可以为税源监控和税收征管提供重要信息。建议对纳税人申报情况进行定期统计分析,并将统计分析结果通报各相关业务职能部门和基层征收单位,以实际申报数据客观反映申报状况,评价征管质量,改进征管工作。统计信息,应包括申报和未申报两种情况的统计。

3. 加强申报信息与登记信息比对分析

纳税人的申报情况,与其税务登记状态有直接的联系。税收管理员有必要在征期后按月将两期申报户数的差异进行比对分析,核查未申报企业的登记状态,确认未申报的合理性。特别要注重税种认证与税务登记信息的关系,严防税务登记后,不进行税种认证而不进入应申报户统计,以提高申报率的行为。

4. 完善征管措施

针对普遍存在的未申报情况,有必要进一步健全管理制度,加强跟踪监控,对未申报情况要做到定期查询、阶段性评估、分类查处。建立申报信息与其他信息的内在联系的关联对比,结合外部信息确认未申报情况的性质,采取有效措施,把未申报率降到最低点。见附表1—附表3。

附表1　某地区2005年1—9月增值税申报率

分类	申报户	环比差异率	推算申报率
1月	5 739	0.00%	86.48%
2月	5 687	0.91%	85.70%
3月	5 740	0.93%	86.50%
4月	5 781	0.71%	87.12%
5月	5 748	0.57%	86.62%
6月	5 795	0.82%	87.33%
7月	5 879	1.45%	88.59%
8月	5 752	2.16%	86.68%
9月	5 765	0.23%	86.87%
平均	5 765	0.86%	86.88%
全部/合计	6 636	7.78%	100.00%
标准差	52.43	离散系数	0.0091

附表2　某地区2005年1—10月增值税申报率分类统计情况

时间	一般纳税人			工业小规模			商业小规模		
	户数	差异率	申报率	户数	差异率	申报率	户数	差异率	申报率
1月	2 810	0.00%	92.62%	1 373	0.00%	86.73%	1 556	0.00%	77.07%
2月	2 799	0.39%	92.25%	1 364	0.66%	86.17%	1 524	2.06%	75.48%
3月	2 815	0.57%	92.78%	1 366	0.15%	86.29%	1 559	2.30%	77.22%
4月	2 844	1.03%	93.74%	1 373	0.51%	86.73%	1 564	0.32%	77.46%
5月	2 832	0.42%	93.34%	1 352	1.53%	85.41%	1 564	0.00%	77.46%
6月	2 859	0.95%	94.23%	1 364	0.89%	86.17%	1 572	0.51%	77.86%
7月	2 913	1.89%	96.01%	1 367	0.22%	86.36%	1 599	1.72%	79.20%
8月	2 892	0.72%	95.32%	1 332	2.56%	84.14%	1 528	4.44%	75.68%

续表

时间	一般纳税人			工业小规模			商业小规模		
	户数	差异率	申报率	户数	差异率	申报率	户数	差异率	申报率
9月	2 888	0.14%	95.19%	1 330	0.15%	84.02%	1 547	1.24%	76.62%
10月	2 905	0.59%	95.75%	1 330	0.00%	84.02%	1 617	4.52%	80.09%
平均	2 855.7	0.67%	94.12%	1 355.1	0.67%	85.60%	1 563	1.71%	77.41%
全部/合计	3 034	6.71%	100.00%	1 583	6.66%	100.00%	2 019	17.11%	100.00%
标准差	41.83		0.01	17.84		0.01	28.60		0.01
离散系数	0.015		0.015	0.013		0.013	0.018		0.018

附表3　某地区2005年1—10月增值税申报次数分类统计情况

申报次数	一般纳税人		工业小规模		商业小规模		三项合计	
	户数	比例	户数	比例	户数	比例	户数	比例
1	45	1.47%	88	5.49%	198	9.45%	331	4.89%
2	50	1.63%	62	3.87%	164	7.83%	276	4.08%
3	44	1.43%	58	3.62%	85	4.06%	187	2.76%
4	66	2.15%	43	2.68%	106	5.06%	215	3.18%
5	75	2.44%	54	3.37%	72	3.44%	201	2.97%
6	61	1.99%	40	2.49%	53	2.53%	154	2.28%
7	44	1.43%	73	4.55%	132	6.30%	249	3.68%
8	54	1.76%	35	2.18%	58	2.77%	147	2.17%
9	55	1.79%	23	1.43%	37	1.77%	115	1.70%
10	2 531	82.50%	1 085	67.64%	1 128	53.84%	4 744	70.10%
11	42	1.37%	35	2.18%	51	2.43%	128	1.89%
12	1	0.03%	3	0.19%	8	0.38%	12	0.18%
13	0	0.00%	1	0.06%	0	0.00%	1	0.01%
14	0	0.00%	1	0.06%	0	0.00%	1	0.01%
15	0	0.00%	0	0.00%	1	0.05%	1	0.01%

续表

申报次数	一般纳税人		工业小规模		商业小规模		三项合计	
	户数	比例	户数	比例	户数	比例	户数	比例
16	0	0.00%	1	0.06%	0	0.00%	1	0.01%
17	0	0.00%	0	0.00%	1	0.05%	1	0.01%
18	0	0.00%	1	0.06%	1	0.05%	2	0.03%
20	0	0.00%	1	0.06%	0	0.00%	1	0.01%
足月比例	2 574	83.90%	1 128	70.32%	1 190	56.80%	4 892	72.29%
总计	3 068	100.00%	1 604	100.00%	2 095	100.00%	6 767	100.00%

七、税收经济关系时间协调性分析

研究税收经济关系，一个基本的要求就是看税收与经济两者之间是否匹配。说明税收经济关系是否匹配，分析的内容、方法、角度也十分丰富。宏观地看，包括静态的税收负担，动态的税收弹性及税收经济的相互作用与影响。具体在组织税收收入工作方面，研究税收经济关系的一个重要内容就是看税收经济关系在时间上的协调性问题。对此，传统的原则要求是"均衡入库"，也就是基层常说的"时间过半任务过半"。那么"时间过半任务过半"是否能满足税收经济关系的基本要求呢？我们可以用税收经济关系时间协调性问题的探讨来说明这一问题。

（一）基本分析思路

税收的计征关系等于税基乘以税率。从税收与经济的这种基本内在关系可知，在经济税源结构、税收政策和征管力度不变的条件下，税收将与经济税源联动产生同步变化，即变化的方向和幅度是一样的。基于这样一种基本关系，组织税收收入的原则要求税收收入的增减变化应与经济的变化同步。同时，基于这种税收经济的基本内在关系和组织税收收入的基本原则，就产生了税收经济关系协调性分析的基本思路：这就是研究某一特定年度各个时间段的税收变化是否与经济的变化同步，这一特定年度不同时间段的税收经济比例关系是否保持一致。分析的内容包括税收经济比例关系的一致性和增长幅度的一致性，基本分析理论推导关系式如下：

$$\frac{T_1}{TB_1} = TR = \frac{T_2}{TB_2} \tag{1}$$

式中：T 代表某一税种的税收，TB 代表该税种的税基，TR 代表该税种的税率或单位税额。上式说明，在固定比例税率或单位税额的征收制度条件下，任何不同时段的税收与税基的比值应相等，而且就等于该税种的比例税率或单位税额。将（1）式变换表现形式，得如下公式：

$$\frac{T_2}{T_1} = \frac{TB_2}{TB_1} \tag{2}$$

（2）式说明，对某一税种在固定比例税率或单位税额的征收制度条件下，两个不同时期的税收比值一定等于这两个时期的税基的比值。将上述某一税种的基本计征关系推广到整体税收和整体国民经济的税收经济关系，考虑到某些税种的累进税率制度和企业的规模经济效应，在经济因素、税收政策因素和征管因素不变的条件下，某两段期间的税收增长就可能会略大于这两段时间的经济增长，也就是我们常说的税收弹性略大于1。以此为基础理论，可以推出以下税收经济关系分析式：

$$Q = \frac{\frac{T_2 - T_1}{T_1}}{\frac{E_2 - E_1}{E_1}} \geq 1 \tag{3}$$

式中 E 代表经济量。(3)式说明,在经济因素、税收政策因素和征管因素不变的条件下,受累进税率和规模经济效应的拉动作用,随着经济的发展税收变化弹性一般会等于或大于 1,即税收收入的增长会略快于经济税源的增长。由此,也决定了在经济因素、税收政策因素和征管因素不变的条件下,随着经济的增长,税负也将不断地提高,其表现形式如下。

$$\frac{T_2}{E_2} \geq \frac{T_1}{E_1} \tag{4}$$

由上述四个式子的相关关系可知,分析税收经济关系时间协调性的基本思路,就是看这几个比值是否一致,税负是否不断提高。比值一致,税负呈现提高趋势,说明税收经济关系时间上协调,数量上匹配。否则,必须从经济因素、政策因素及征管因素上予以解释其不协调的原因。

(二)应用举例

以 2007 年上半年和下半年税收经济的相关数据为例,看我国各个地区税收经济时间协调性状况,测算结果如下:

1. 税收情况

首先用 2007 年下半年的税收数据与上半年的数据进行比较。考虑到税收的征收与经济业务的实现存在一个月的滞后期,这里上半年与下半年的概念分别是指 2 月至 7 月和 8 月到次年 1 月。

测算结果,全国税收这一比值为 1.06,全国 31 个省级地区统计单位,这一比值的平均值为 1.08,这两个测算值说明下半年税收略大于上半年税收。31个单位中,这一比值最大的是西藏,达到1.31,说明下半年税收是上半年税收的1.3倍;这一比值最小的是北京,只有0.76,说明下半年税收只有上半年税收的76%。31个单位中,这一比值小于1的有6个单位,占19.35%,大部分地区这一比值大于1,但多数单位这一比值只是略大于1。

2. 经济情况

再看经济数据的这一比值。全国下半年国内生产总值(GDP)139 851.1亿元,上半年为106 767.9亿元,两者的比值为1.31,说明下半年全国GDP是上半年的1.3倍。31个单位中,这一比值的平均数为1.37。其中,最高值达到1.96,说明该地区下半年地区生产总值是上半年的近两倍;最小值为1.14,说明下半年地区生产总值只是略高于上半年。31个单位中没有一个单位的这一比值小于1,也就是说各地下半年的经济总量均大于上半年的数量,由此提出的一个基本要求是下半年的税收也应该大于上半年的税收。

3. 税收经济关系

分别完成税收和经济数据上半年与下半年数据对比的测算,再进行两者之间的比较,看税收与经济的这一比值关系是否一致。测算结果显示,税收数据的这一比值的平均数为1.08,经济数据的这一比值的平均数为1.37,两者比值不等,差异较大,一定程度上说明税收与经济关系在时间上未能做到协调一致。

再看宏观税负的关系。全国宏观税负上半年为23.43%,下半年为18.92%,两者相差约4个百分点,下半年与上半年的税负比值为80.73%。这组数据说明,如果上半年税收经济关系是正常的,上半年的GDP可以产生23.43%的税收,那么下半年的征收努力程度只有上半年的80.73%。

31个单位中，下半年税负与上半年税负的比值平均数为79.68%。其中，较高的单位达到107%，最低的单位只有60.73%。这一比值大于100%的有两个单位，占6.45%。这一比值大于90%的有6个单位，占19.35%，说明税收经济关系时间协调性较好的单位不多。这一比值低于80%的有16个单位，占51.61%，说明税收经济关系时间协调性不好，下半年税收明显滞后经济发展的单位要占一半左右。

（三）考虑因素

影响税收上半年与下半年税额数量关系的因素很多，有来自征收制度规定的，有来自政策调整因素的。其中，影响较大的因素有企业所得税汇算清缴数额、增值税免抵调库数额、东北及中部地区固定资产含税允许抵扣影响数额等。

企业所得税汇算清缴制度规定，企业所得税汇算清缴工作每年于3至4月进行，因此补缴税款会集中在上半年入库，会影响上半年与下半年税收入库数的比例关系。如2007年，汇算清缴税款2 023亿元，占全年企业所得税的比重达20.9%，这一比重影响较大，分析入库均衡关系，需剔除这一数字。

增值税免抵调库数额，作为税收预算任务的一个组成部分，在总量确定的情况下，由于各地可以根据增值税增长情况的需要通过对此数额在时间上的分配调剂增值税入库进度，也影响税收上半年与下半年的量比关系。如2007年，全年调库1 614亿元，上半年调库971.41亿元，占全年的60.16%，明显的上半年大于下半年。从税收经济关系看，这一数额也应与经济增长同步，由于下半年经济总量大于上半年经济总量，所以一般情况下，若能做到及时调库，这一数额应与经济状况一样，也应下半年大于上半年。

东北及中部地区实行固定资产含增值税允许抵扣的政策，由于政策规定只允许对税收增量的部分抵扣，所以这种抵扣一般情况下多会体现在下半年。如2007年，全年抵扣82.5亿元，上半年只抵扣了12.9亿元，不足全年的16%。由于下半年抵扣较多，会造成下半年税收总量下降的影响。由于这一差额占国内增值税的比例只有0.5%，所以这种影响可以忽略不计。

（四）近几年测算结果

按照上述思路和测算方法，对2001年以来的税收经济关系情况进行了测算，结果显示与近几年的征收情况基本一致。基本情况如表1-8：下半年税收与上半年税收相近，两者的比值关系平均值为1.03；下半年GDP比上半年GDP要大很多，两者的比值关系平均值为1.28；下半年的税负比上半年要低很多，下半年的税负仅相当于上半年税负的80.93%。

表1-8

项目 年度	税收收入			GDP			税负		
	2—7月份	8—1月份	比值	上半年	下半年	比值	上半年	下半年	比值
合计	99 284.18	102 597.27	1.03	500 948.32	639 650.75	1.28	19.82%	16.04%	80.93%
2001	7 702.00	7 741.63	1.01	42 872.77	54 442.03	1.27	17.96%	14.22%	79.15%
2002	8 404.74	9 019.75	1.07	45 998.75	59 173.55	1.29	18.27%	15.24%	83.42%
2003	10 219.26	10 632.59	1.04	59 868.90	75 953.86	1.27	17.07%	14.00%	82.01%
2004	13 092.27	13 297.57	1.02	70 405.90	89 472.44	1.27	18.60%	14.86%	79.92%
2005	15 627.41	15 989.81	1.02	81 422.50	102 445.38	1.26	19.19%	15.61%	81.32%
2006	19 221.82	19 462.51	1.01	93 611.60	118 312.39	1.26	20.53%	16.45%	80.11%
2007	25 016.69	26 453.41	1.06	106 767.90	139 851.10	1.31	23.43%	18.92%	80.73%

(五) 综合意见

1. 重视税收经济时间协调性分析

上述实例分析，引出一个直接的问题，就是为什么下半年的经济不能像上半年一样产生同样的税收？看来，在组织税收收入和税收分析工作中还要重新认识"均衡入库"的原则，正确认识"均衡入库"的内涵。"均衡入库"的原则决不是仅仅停留在"时间过半任务过半"这一表面文章中，其更深层次的内涵还要包括均衡税收经济关系，按照税法的规定，保持各个时期税收经济关系的一致性和协调性。上述实例说明，全国税收上半年与下半年差不多，从数量上看似均衡入库，但若从税收经济协调关系上看就出现了"缺斤短两"的问题。因此，在组织税收收入和税收分析工作中，一定要重视税收经济协调关系的分析，从中发现问题，及时纠偏。

2. 税收仍有潜力

上述数据显示，2007年下半年的经济税收产出状况或税收征收努力程度只有上半年的80%。这组数据说明，如果不存在政策调整因素，而且上半年也没有征收"过头税"，这就意味着下半年的税收收入尚有潜力可挖。即使存在政策调整因素，其影响会不会达到20%的力度？从2007年出台的相关政策看，尚没有一项政策足以促成20%的影响力度，由此推断2007年税收收入尚有潜力可挖。

3. 深入调研说明问题

为什么有这么多地区下半年的税收经济关系显得不如上半年这么"饱满"？是政策因素的影响还是征管制度的制约？能不能在现有税收的基础上进一步挖潜，从提高下半年的税收经济关系比例上增加税收？仅从上述数据尚不能给出肯定的答案。因此，有必要将上述分析方法及分析结果通报各地,对个别税收经济关系协调性较差的地区给予特别的关注,并就此开展深入调研分析,发现问题,说明原因,完善征管,促进税收收入的组织管理健康发展。见附表1和附表2。

附表1　　2007年上、下半年税收经济相关数据

	税收收入		地区生产总值		宏观税负		
	2—7月	8—1月	上半年	下半年	上半年	下半年	比值
地区合计	25 016.69	26 453.41	106 767.90	139 851.10	23.43%	18.92%	80.73%
北京市	2 573.01	1 961.69	4 064.26	4 941.97	63.31%	39.69%	62.70%
天津市	790.14	884.63	2 312.26	2 706.02	34.17%	32.69%	95.67%
河北省	733.50	782.74	6 037.30	7 826.20	12.15%	10.00%	82.32%
山西省	578.16	572.20	2 511.60	3 184.55	23.02%	17.97%	78.05%
内蒙古	375.13	451.35	2 320.71	3 698.10	16.16%	12.20%	75.50%
辽宁省	883.09	1 012.00	4 419.90	6 601.83	19.98%	15.33%	76.72%
吉林省	295.98	319.67	1 881.01	3 345.07	15.74%	9.56%	60.73%
黑龙江省	472.95	485.90	2 927.00	4 150.20	16.16%	11.71%	72.46%
上海市	3 165.77	3 669.48	5 561.91	6 439.25	56.92%	56.99%	100.12%
江苏省	2 166.22	2 366.83	11 752.10	13 808.00	18.43%	17.14%	92.99%
浙江省	1 920.90	2 001.06	8 344.40	10 293.96	23.02%	19.44%	84.44%
安徽省	434.41	437.27	3 404.60	3 941.09	12.76%	11.10%	86.96%
福建省	674.88	704.20	3 752.03	5 408.11	17.99%	13.02%	72.39%
江西省	277.21	296.46	2 235.00	3 234.25	12.40%	9.17%	73.90%
山东省	1 565.88	1 693.32	12 072.43	13 815.24	12.97%	12.26%	94.50%
河南省	670.48	676.57	6 817.02	8 241.05	9.84%	8.21%	83.47%
湖北省	537.82	528.03	3 953.61	5 196.40	13.60%	10.16%	74.70%

续表

	税收收入		地区生产总值		宏观税负		
	2—7月	8—1月	上半年	下半年	上半年	下半年	比值
湖南省	465.44	500.25	3 930.28	5 214.72	11.84%	9.59%	81.01%
广东省	3 381.75	3 848.59	13 544.46	17 129.25	24.97%	22.47%	89.99%
广西区	291.87	343.28	2 386.26	3 499.62	12.23%	9.81%	80.20%
海南省	101.93	124.25	575.37	654.27	17.72%	18.99%	107.20%
重庆市	274.20	302.80	1 677.67	2 434.15	16.34%	12.44%	76.11%
四川省	584.13	644.98	4 408.10	6 097.20	13.25%	10.58%	79.83%
贵州省	230.52	260.31	1 165.40	1 544.88	19.78%	16.85%	85.19%
云南省	530.06	531.31	2 009.60	2 712.17	26.38%	19.59%	74.27%
西藏区	10.59	13.86	140.61	201.58	7.53%	6.88%	91.26%
陕西省	440.00	404.53	2 252.81	3 117.04	19.53%	12.98%	66.45%
甘肃省	188.08	182.58	1 045.65	1 653.55	17.99%	11.04%	61.39%
青海省	54.60	53.23	319.97	440.99	17.06%	12.07%	70.74%
宁夏区	59.99	71.44	336.57	497.59	17.82%	14.36%	80.55%
新疆区	287.99	328.58	1 179.70	2 314.72	24.41%	14.20%	58.15%

附表2 2007年税收经济数据下半年与上半年比值关系

	税收比值	地区生产总值比值	税负比值
地区合计	1.06	1.31	80.73%
北京市	0.76	1.22	62.70%
天津市	1.12	1.17	95.67%
河北省	1.07	1.30	82.32%
山西省	0.99	1.27	78.05%
内蒙古	1.20	1.59	75.50%
辽宁省	1.15	1.49	76.72%
吉林省	1.08	1.78	60.73%

续表

	税收比值	地区生产总值比值	税负比值
黑龙江省	1.03	1.42	72.46%
上海市	1.16	1.16	100.12%
江苏省	1.09	1.17	92.99%
浙江省	1.04	1.23	84.44%
安徽省	1.01	1.16	86.96%
福建省	1.04	1.44	72.39%
江西省	1.07	1.45	73.90%
山东省	1.08	1.14	94.50%
河南省	1.01	1.21	83.47%
湖北省	0.98	1.31	74.70%
湖南省	1.07	1.33	81.01%
广东省	1.14	1.26	89.99%
广西区	1.18	1.47	80.20%
海南省	1.22	1.14	107.20%
重庆市	1.10	1.45	76.11%
四川省	1.10	1.38	79.83%
贵州省	1.13	1.33	85.19%
云南省	1.00	1.35	74.27%
西藏区	1.31	1.43	91.26%
陕西省	0.92	1.38	66.45%
甘肃省	0.97	1.58	61.39%
青海省	0.98	1.38	70.74%
宁夏区	1.19	1.48	80.55%
新疆区	1.14	1.96	58.15%

八、税收分析的两大误区[①]

纵观全国税务系统的税收分析工作，税收分析的"两大误区"普遍存在于各地的税收分析工作中。这两大误区的典型表现为：一是在宏观领域，以宏观税负评估地区的税收征管工作；二是在微观领域，分税种开展纳税评估。现就两大误区如何误导税收管理工作，应该如何正确应用谈一些看法，供大家商榷。

（一）误区之一：以宏观税负评估税收管理工作

以宏观税负评价考核地区的税收管理工作，之所以谬误，在于将一个体现国民收入分配比例关系的指标拿来衡量税收征收力度，并将比较结果用于评价考核税收管理工作。

所谓的宏观税负是指税收与 GDP 的比值关系。这一比值关系的最终形成受诸多因素的影响，其中三大主要因素包括经济因素、税收政策因素和税收征管因素。这三大因素中的任何一项发生变化都会影响到宏观税负高低的变化，所以不能简单地用宏观税负的高低来进行比较，用以说明一个地区税收管理的好坏。一个地区宏观税负的高或者低，可能源于经济结构的不同，可能受影响于地区税收优惠政策的差异，也可能出自税收征管的条件、手段的局限或主观的努力程度。所以，一个地区宏观税负的高或者低，不是税收征管单一因素所能决定的，用地区宏观税负指标说税收征管的事，似同指鹿为马。

有人说，用宏观税负评价考核税收征管工作，是从税收经济

---

① "税收分析的两大误区"，《税务研究》，2009 年第 5 期。

关系的合理性角度考核税收征管工作的，以此来强调理论依据，强调考核的客观性。驳斥这种观点的问句是：合理性的标准是什么？我国现行的法律、法规和政策性文件，哪一条规定了各个地区的宏观税负的水平应处在什么位置？答案是现成的，否定的，没有！没有标准当然就无法比较，就不能用来评价考核地区的税收征管工作。

没错，测算宏观税负，是为了研究税收经济关系的合理性。税收经济关系的合理性，有两个方面的研究意义：一是指经济意义上的合理性，即最优税率问题，在于研究宏观税负水平与经济发展关系的问题；二是指法律意义上的合理性，在于研究税收政策通过税收征管执行到位的程度。前者是理论问题，即理论税负问题，是经济和税收政策一定条件下的客观产物，与税收征管没有直接关系。后者是看征收结果，虽然可以测算出实际税负，但由于实际税负是经济、政策和征管综合因素作用的结果，没有客观的法律依据和标准，也不能用此指标评价考核税收征管工作。

以此推理，当前税收管理工作中常见的以宏观税负考核评价各地税收管理工作的措施，用一个没有可比标准的指标所反映的差异说明各地税收管理工作的优劣，均属谬误之举。

（二）误区之二：分税种开展纳税评估

分税种开展纳税评估，之所以谬误，在于没有领会纳税评估的实质，将评估的内容聚焦在"税"上，没有抓住评估内容的核心，忽视了税种的关联性，费时费力，效率低下。

随着纳税评估的重要性在税收管理工作中的凸现，一时间，纳税评估工作风起云涌，相应的税收管理职能部门都相继成立纳税评估机构，征管部门出台评估制度，相关税政部门按税种出台评估指标体系，布置评估工作，开展评估检查，大量的评估工作压得基层税收管理员喘不过气来。静下来细细地梳理一下，相同的企业、相同的问题、相同的指标，大量的重复劳动，基层颇有怨言。

什么是纳税评估？纳税评估一语虽然含有一个税字，但实质不是对"税"评估，而是对产生税收的税源评估，即对纳税人的收入和资产进行评估。评估出纳税人真实的收入和资产，按照税法条文规定该征什么税、该补什么税，其实很简单！理论上讲，由于各个税种的计征特点不同，围绕其计征特点各个税种都可以建立一套指标体系；作为学科体系，教学上也可以如此安排，以税种设计体系，以税种讲授各自的特点。但在实务操作上和工作实践中，一定要领悟纳税评估的实质要求，以科学的态度统筹考虑税种的关联性，抓住共性税源指标及其对税收影响的普遍规律，集中基层的优势兵力，统一评估，讲求实效。

从指标的关联性上可知：生产性税收的税基一定是企业所得税税源的源头。企业所得税的税基是计税所得额，计税所得额的核算向前延伸会涉及企业的利润、收入。所以评估企业所得税缴纳的合理性，必然要前推到企业收入和成本费用申报的真实性与合理性。评估增值税、消费税和营业税，也必然要涉及企业收入申报的真实性与合理性。既然各税种评估都要涉及企业收入，就**没必要分税种评估，既重复劳动，又分散兵力**，其结果是效率低下，分析还可能不系统、不透彻。

从征税的角度讲，评估出企业有瞒报收入行为，查实补报的收入既要补缴流转税，作为净利润（对盈利企业）的一部分也要补缴企业所得税。如果分税种评估，就可能造成各税种评估独立行事的状况，只考虑本税种的补税问题，忽视其他涉税问题，其结果将导致税收的流失。

以上两点充分说明，虽然分税种评估在理论研究上是有意义的，但在实践中和实务操作上没必要，也不应该分税种进行纳税评估。

（三）善待科学

科学的理论，未能被科学恰当地应用，结果可能就是谬误；以科学之名义，行不科学之事，即为伪科学；更多的情况，是没有深入理解科学理论的实质和要义，无意之中在大讲科学之时却滥用了科学。不论哪种情况，都是对科学的践踏。"科学技术是第一生产力"，但科学技术用之不当就可能是破坏力或者成为社会进步和发展的阻力！当前全国上下都在学习实践科学发展观，其重要目的之一就是在各个领域剥去伪科学的画皮，找出工作中不科学的做法，还以科学之本来面目。

税收分析的深度体现在两个方面：微观领域做好纳税评估，宏观领域搞好税收能力估算。如果这两个方面没有得到切实解决，其他分析都只能是表面现象或表现形式，没有真正解决税收经济关系分析的核心问题。微观的纳税评估和宏观的税收能力估算，其核心要义是相通的，两者都要求从解析生产要素的数量、质量和配比关系入手，首先估算生产能力和经济总量，再结合税收政策，确定税基，估算税收。所以，从税收经济关系的角度评价考核税收管理绩效和征收努力程度的指标，宏观角度不是用宏观税负，微观角度也不是用入库率，最客观、最直接的指标都应该是征收率。所谓征收率，宏观是指国民经济整体中实际征收税收总量与税收能力的比值关系，微观是指具体纳税人实际缴纳税额与应纳税额（非申报税额）之间的比值关系。由于征收率的分母体现的是"应纳"的成分，而应纳税额是在计征关系中充分考虑了经济结构、投入产出关系和税收政策因素估算的结果，所以用征收率指标评价考核税收征收力度更科学，更具有说服力和可比性。

贯彻落实税收管理的科学化、专业化和精细化,首先要认识"三化"的辩证关系。其中:专业化、精细化的前提是科学化,同时科学化又要通过专业化和精细化落到实处。不科学的精细化,导致的必然是浪费和效率低下!因此,税收工作在贯彻"科学化、专业化、精细化"精神的实践中,首先要论证科学性,在科学的基础上再谈专业化和精细化。

九、税收经济关系分析的基本框架内容

(一) 税收分析及其指标体系

税收分析是以丰富的税收数据资料为基础,通过对数据的挖掘与整理,对税收工作和经济运行状况进行客观的描述和评价,对税收经济关系予以解析,并对未来发展形势进行预测与推断,为领导提供决策支持。税收分析从大的领域上分类,按照研究对象和基础数据源出处的关联性,可分为宏观税收分析和微观税收分析。

微观税收分析是以具体纳税人税收数据资料为基础,通过对纳税人税收数据的挖掘与整理,一方面了解具体纳税人的生产经营情况与税收缴纳情况的关系,开展纳税评估分析,指导具体的税收征管工作;另一方面对税收整体工作和经济运行状况进行客观的描述和评价,对税收经济关系予以解析,并对未来发展形势进行预测与推断,为领导提供决策支持。微观税收分析的特点是以具体纳税人为分析对象,通过对纳税人生产经营活动的了解,掌握税源客观现状,开展纳税评估,提出征管意见,为组织税收

收入和完善征管提供数据支持和服务。

宏观税收分析是以宏观国民经济核算为基础、以说明税收经济关系为核心而开展的系列分析。宏观税收分析与微观税收分析的主要区别是分析的切入点和数据源不同，分析的基本内容和核心思想是一致的，就是税收经济内在基本关系的分析。从切入点看，宏观税收分析是从国民经济核算账户入手，数据源是反映宏观国民经济内容的数据指标。宏观税收分析就是通过了解和掌握宏观国民经济指标的内涵，建立税收与经济关系模型，说明税收与经济内在的联系，评价税收经济关系运行情况和发展态势，为从宏观上把握税收经济形势提供决策依据和数据支持。

不论微观税收分析还是宏观税收分析，都离不开税收分析指标的应用。税收分析指标体系是指一组相互联系的、用以系统说明具体税收经济关系、税收缴纳情况和税收征管工作状况的数据指标的集合。微观税收分析指标体系或宏观税收分析指标体系都是税收分析指标体系的重要组成部分，是它的一个子集。

微观税收分析指标相对于宏观税收分析指标的特点是源于纳税人、说明纳税人。微观税收分析指标的应用，微观上可以说明纳税人的税收缴纳情况，宏观上可以反映整体税收形势、考核评价税收征管工作。

（二）税收分析的两个基本方面

税收分析的基本内容取决于税收管理的基本需求。税收管理工作可以大致分为三块内容：一是税制的建设；二是征管体系的建设；三是通过税收制度与征管体系的有机结合促成税收职能的实现。税收分析的基本内容必须服务于税收管理这三个方面的需求，因此，税收分析的基本任务就是：说明税制优劣与否、检测征管体系完善与否、评价税收职能实现的程度。能否说清楚这三方面情况，关键是对税收经济关系的解析是否到位，因此，税收分析的核心任务是说明税收经济关系。

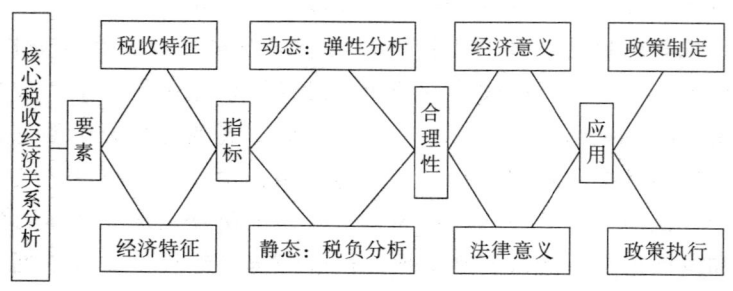

图 1-6　税收分析的两个基本方面

税收分析的核心是解析微观税收经济关系，而说明税收经济关系可以从一系列的两个方面展开：

1. 分析要素的两个方面

税收经济关系分析，涉及两大要素，一是税收，二是经济。所以说税收经济关系分析，首先是对这两大要素的分析，要求分别对税收和经济有所认识，了解和掌握税收和经济两大要素各自的内涵、指标体系，分析说明两大要素各自的规律和特征。

2. 分析指标的两个方面

在分别说明税收和经济两大要素的基础上，找出税收和经济的联系，说明两者的内在关系是税收分析的核心要求。描述税收经济关系最客观、最直接的数据指标有两个：一是税收负担；二是税收弹性。所谓的税收负担，从计算关系上看就是税收与经济的对应比例关系，是联系税收经济关系最直接的数据指标，是税收经济静态关系的客观反映；所谓税收弹性，从计算关系上看就是税收变化与经济变化的对应比例关系，是联系税收经济关系变化最直接的数据指标，是税收经济动态关系的客观反映。

3. 合理性说明的两个方面

解析税收关系的目的，表面上看是找出两者的联系，客观描述税收经济关系现状，但真正的内涵是研究税收经济关系的合理性。说明税收经济关系的合理性可以从两个方面展开，一是研究说明税收经济关系法律意义上的合理性，二是研究说明税收经济关系经济意义上的合理性。所谓法律意义上的合理性，是指有关法律条文规定已经给出了税收经济既定的关系，税收分析就是测算检验实际关系是否符合这种既定关系；所谓经济意义上的合理性，是指现实的税收经济关系是否有利于促进社会经济持续、稳定和健康的发展。

4. 分析应用的两个方面

研究说明税收经济关系的合理性，在税收管理工作中有两个方面的应用意义。测算实际税收经济关系与法律既定税收经济关系比较，即说明税收经济关系法律意义上的合理性，可以客观说明税收政策的执行情况，用于考核评价税收征管工作；研究实际税收经济关系与国民经济发展的相互影响和协调关系，在于说明现行税收政策对促进经济发展的适用性，可为税收制度的建设和税收政策的调整提供数据支持和决策依据。

（三）微观税收分析的三个基本层面

1. 三个层面

税收分析按照分析指标的递进关系可以分三个层面：总量分析、计征结构关系分析和影响因素分析。所谓总量分析是指以税收总量和税源总量为内容而开展的税收经济关系分析；所谓计征结构关系分析是指以税种、行业、区域和纳税人等为维度说明税收经济量化关系的合理性而进一步开展的，以税收计算征收为基础指标的逻辑关系分析;所谓影响因素分析是指为说明税源指标合理性而开展的,以细化生产要素指标为基础指标的详细纳税评估分析。三个层面的分析,随着分析深度的递进,要求分析指标也越来越细,分析方法也逐渐复杂,分析成本也相应较高。通常预警分析做到第二个层面,对预警对象的详细评估分析才考虑第三个层面的分析(见图1-7)。

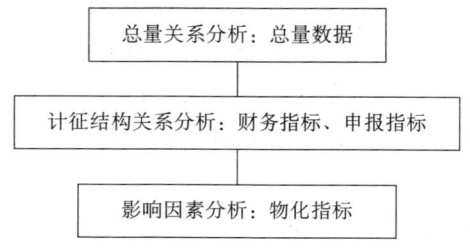

图 1-7 税收分析的三个基本层面

2. 三个层面的递进关系

税收分析中的总量分析、计征结构关系分析和影响因素分析三个层面之间既相对独立,又存在密切的相互联系,可以将其总结为"环环递进、层层说明"。

"经济决定税收,税收反映经济"的这种税收经济基本关系决定了,以税收总量和税源总量比例关系所反映的税收负担是最直接的税收经济关系指标,也是第一层面的分析指标。这一指标虽然看不到税收经济关系的详细计算过程,但是却给出了现有税收制度和征管条件最终作用下的最直接的结果。同时,也正是由于这一指标的简洁,其税收经济关系的合理性得不到印证。如果要对这一总量反映的税收经济关系的合理性进行评估,单从两个总量的对比是得不出结论的,只有详细列出从税源到税收的复杂计征关系,并对税源的真实性予以确认,才能得到权威性的说明。而这一个层面的分析就必须要应用相关的财务指标和纳税申报指标。同理,要说明财务指标和纳税申报指标的真实性和合理性,就必须有详细的生产经营要素的核算数据,也就是所谓第三个层面的物化指标。

(四) 微观税收分析三个环节的联系

"经济决定税收,税收源于经济",详细分解这种税收经济关系的内在联系,包含三个环节的要素,即经济基础决定的税源、法律计征关系决定的应纳税额和实际征收入库的征收税额(见图1-8)。

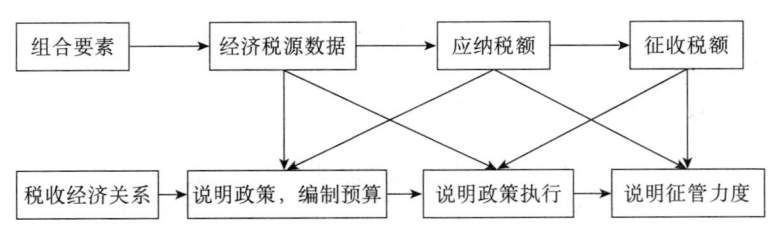

图1-8 税收经济关系三环节的内在联系

"经济决定税收"所涉及的三个环节的内在联系,其不同环节的要素组合分析,分析应用的侧重点也不同。税源与应纳税额组合的分析,侧重于说明税收政策的体现,其分析主要应用于税收收入预测和估算;税源和征收税额组合的分析,侧重于说明税收政策执行情况,分析主要应用于说明税收政策执行情况所形成企业税收负担的合理性,为税收政策制定提供决策依据;应纳税额和征收税额组合的分析,侧重于说明征管状况,分析主要应用于评价征收力度或强度。通过税收分析反映税收经济关系的内在联系,这三个环节的各项要素组合分析缺一不可,重点应用于税收管理的不同领域。

（五）税收分析在税收管理工作中的具体应用

1. 基本内容

基于对税收分析两个基本方面、三个基本层面和三个要素环节的认识，以此为基础进行分解和深化，即可展开得出税收分析在税收管理工作中具体应用的全貌，其基本内容有如下几个方面（图1-9）：

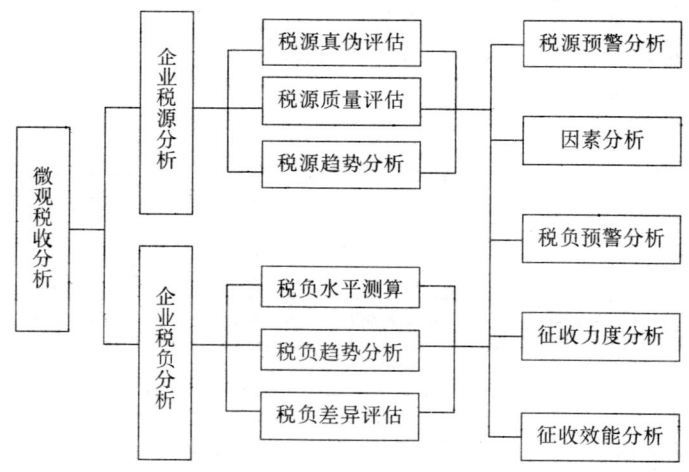

图1-9　税收分析应用的基本内容

以反映税收经济关系的税收负担指标为核心，相应地需要开展税负水平的测算、税负差异的评估和税收负担变化趋势的分析；为了说明税收负担的合理性，相应地需要开展企业税源的分析，包括税源真伪、税源质量和税源变化趋势的分析；在掌握企业税源信息和税负信息的基础上，相应地可以开展税源预警分析、税负预警分析、影响因素分析、征收力度分析和征收效能分析。

上述相关分析研究的基本要点如下。

（1）企业税源评估分析。企业税源评估分析是对纳税人税源申报的正确性和完整性进行评估，检验纳税人纳税申报的相关税源数据是否完整地反映了企业生产经营活动所取得的全部收入，检验纳税人申报数据是否按税法要求的形式和内容填报。通过对纳税人申报税源内容的完整性和准确性的鉴别，对纳税人的诚信程度给予评估，为税收征管提供数据支持。企业税源评估分析，除对企业税源总量的真伪性进行评估外，还应对企业税源的质量进行分析。税源质量的优劣一定程度上决定着税收的贡献状况，所以开展税源质量的评估可以为企业税负合理性的评估提供数据支持。

（2）企业税负评估分析。企业税负评估分析是对纳税人的税收负担的合理性进行评估，即在企业税源既定的情况下检验企业税收负担是否满足税法规定要求和经济运行客观规律。通过对纳税人税收负担合理性的分析，为揭示税收征管工作中的问题、挖掘税收潜力、完善税收征管措施提供数据支持和服务。企业税负评估分析包括三个方面的内容：一是行业税负水平的测算，二是企业税负差异的测算，三是税负变化趋势的分析。其相互关系是：行业税负水平是企业税负合理性评估的参考基础，企业税负差异说明同行业税负的多样性和税收征管工作的复杂性，税负变化趋势说明税收政策和税收征管对纳税人税收负担的影响。

行业税负水平是指在现行税收政策和现有征管条件下一个行业实际税收负担的客观水平，在数值上体现为一个行业税收总量与税源总量的比例关系。行业税负水平是企业税负分析的切入点，是同业税负后续分析内容的主要参考基准。行业税负水平测算就是在考虑行业样本数量与质量等统计条件的基础上测算出行业的实际税负水平。

（3）其他综合分析。

①税收预警分析。税收预警就是针对异常税收事件予以警示

报告。税收预警分析,就是通过对同一行业样本个体税源规律特征、税负规律特征和税负离散状况的分析,总结个体税收样本的关系特征,并参考这一规律特征查找异常税收事件的分析工作。样本分布规律和离散状况是建立税收预警机制的一个重要参考数据。某一行业的样本离散状况在一定程度上反映该行业税收经济关系的复杂性和税收管理的现状。离散度越大,说明情况越复杂,要求设定的预期警区间范围也相应较宽。

②税负综合指数分析。税负综合指数是反映同样税源条件下税收征收强度的指标,可以用同一行业样本个体税负的相对值具体体现。税负综合指数分析就是分别测算行业样本个体的实际税负值,通过相对值指数化处理,确立个体税负的相对位置,明确征收力度的差异。

③征收效能分析。征收效能是指征收效果和纳税能力。征收效能分析是指通过对纳税人的纳税能力的估算与其实际征收效果的关联分析,说明税收征收实际情况与纳税能力之间一致与否的关联分析。

④因素分析。企业纳税评估因素分析是针对企业税源评估和企业税负评估两者出现的异常事件,就其原因而开展的系列分析。通过企业税收问题因素分析,掌握企业税收问题症结所在,了解企业税收问题产生的原因和环节,为进一步完善税收征管提供数据支持和服务。

2. 各项分析内容的相互关系

税收分析中的税源评估分析、税负评估分析和其他综合分析三个层面之间既相对独立,又存在密切的相互联系,可以将其总结为"递进关联、交叉印证"。

(1) 税源与税负的递进关系。企业税源评估分析和企业税负评估分析两者之间的关系是一种递进关系。按照税法规定,税源是税收收入的计税依据。在税源一定的情况下，现行税收政策决定了企业应承受的负担，现行税收政策的实际执行结果决定了企业实际的税收负担。这种税源与税收的依存关系决定了微观税收分析应以企业税源评估分析为前、企业税负评估分析为后的递进关系。即在税收管理工作中，首先要对企业纳税申报的税源进行科学评估，在确定企业税源完整准确的基础上，再对企业的完税情况，即企业税收负担进行评估。两者之间，如果没有前期的企业税源评估分析，就不能完整地说明后一环节企业税负评估的合理性和正确性，从这种意义上说两者之间存在递进关联关系。

由于企业税源评估分析和企业税负评估分析在分析内容上和分析技术又有各自的特点和要求，因此，两者之间又是相对独立的，需要分别进行技术处理。同时，在企业税源评估问题没有完全解决的情况下，仍然可以通过企业税负评估分析揭示给定税源条件下的税收问题和征管中的薄弱环节。因此，从企业税源评估和企业税负评估的内容、技术和环节的差异上说，两者之间相对独立，可以分别独立开展分析。

（2）因果递进关系。从因果关系来看，企业纳税评估因素分析是企业税源评估分析和企业税负评估分析的递进分析。企业税源评估分析和企业税负评估分析是对企业纳税申报情况和企业完税情况的客观评估，是对客观现象的描述和揭示。而要了解企业税收问题的原因，就需要进一步开展影响企业税收问题产生的因素分析。这种因素分析是揭示企业税收问题原因所在的挖掘性分析，通过这种因素分析可以揭示税收问题的症结所在，相应地提出解决税收问题的针对性意见和措施。

（3）三个层面分析的交叉印证关系。虽然企业税源评估分析、企业税负评估分析和其他综合分析三者之间相对独立，可以分别实施，但三者之间的递进关系使得各自的分析结果又有一定的交叉关联参考性，提供了相互印证的可能性。比如通过税负评估分析的某些指标数据结果，可以说明税源存在问题的可能性，因素分析的某些物化指标可以对税源的真伪和税负的合理性提供进一步的佐证。所以说，企业税收评估分析三个层面的递进关系同时也给出了三者之间的交叉印证关系。

十、微观与宏观税收经济关系

按照研究对象和基础数据源出处的关联性，将税收分析区分为微观税收分析和宏观税收分析。这样就出现了两者之间关联性的问题。我们知道，从企业税收数据的研究入手，在展开分析的过程中却有很多描述我国总体税收经济关系的结论和观点。这些分析过程，有一个从认识微观税收经济关系向了解和掌握宏观税收经济关系的过渡问题。为了使读者更好地理解和应用微观税收经济与宏观税收经济之间的关系，这里集中介绍一些相关知识及经验体会。

（一）微观经济与宏观经济

微观经济与宏观经济是两个相对应的经济学概念，认识这两个概念，要首先认识什么是经济学。经济学是对人类社会的各种经济活动与经济关系进行系统性研究的科学，是研究如何用稀缺的资源去从事各种经济活动的科学。经济学的研究可以从两个层面展开，即所谓的微观经济学和宏观经济学。

微观经济学是从微观的角度出发，研究单个消费者、单个生产者等经济个体的经济行为，分析这些经济个体在市场上追求各自最优化目标的同时，如何使市场达到均衡状态。因此，微观经济学要研究市场的调节机制、价格的决定、资源的配置以及收入分配等方面的内容，其中的核心是价格理论。微观经济学的基本问题是劳动分工与定价，所采用的分析方法是个量分析方法。

宏观经济学是从宏观的角度出发，研究经济总量的变化规律及其相互之间的内在联系。它以整个国民经济活动为研究对象，说明国民经济生产总值、社会总供求量、就业量、价格水平以及经济增长等总量指标之间的关系。其中的核心是国民收入与就业理论。宏观经济学的基本问题是经济增长与波动的机制是内生还是外生，运动形式是线性均衡还是非线性非均衡，所采用的研究方法是总量分析方法。

宏观经济学与微观经济学相比要年轻得多。20世纪30年代凯恩斯理论的出现，使经济学划分为微观和宏观两大领域。在此之前，只存在一些不系统的宏观经济思想，经济学的主体是由后来被称为微观经济学的经济思想所构成的。代表凯恩斯思想的IS – LM模型（商品市场和货币市场的均衡）和菲利浦斯曲线（通货膨胀和失业之间的经验关系）在20世纪五六十年代代表了宏观经济学家的共识。经济学家对宏观经济学的共识到20世纪70年代基于两个原因被打破，一个原因是实践上的，一个原因是理论上的。实践上的原因是20世纪70年代的滞胀，即高通货膨胀和高失业的同时发生，这与菲利浦斯曲线恰恰相反。理论上的原因是宏观理论与微观理论缺乏联系，宏观理论没有建立在对个人和企业行为的研究的基础上，就像空中楼阁，缺乏微观基础。20世纪70年代以来宏观经济学的演变，被归纳为新古典和新凯恩斯革命，前者拥护市场出清基础上的商业周期理论，后者则认为衰退表示市场失灵，企图把凯恩斯模型建立在稳固的微观基础上。

近些年宏观经济学改造的一个重要方面就是把抽象的宏观经

济学建立在稳固的微观基础上,对此作出较大贡献的代表人物之一是罗伯特·巴罗(Robert Barro)。巴罗的《宏观经济学》从个人的选择到个人集合组成市场,在讨论市场出清的条件下,给出了贯穿全书的基本宏观模型,进而用这一模型解释各种宏观经济学问题。巴罗坚信,"经济学只有一个,宏观经济学是解释家庭和企业行为的微观经济学的推理的继续,经济学家应当运用与解释家庭和企业行为的同一个经济学来解释整体经济的运行"。

由上述简要的介绍可知,宏观经济与微观经济既有自己独特的研究视角和内容,彼此之间又存在着密切的联系,建立联系的原则是宏观经济必须以微观经济为基础。

(二)微观税收与宏观税收

税收是国家为了满足社会公共需求,根据其社会职能,凭借政治权力,按照法律的规定,强制、无偿地参与社会产品分配而取得财政收入的一种规范形式。税收这一经济学范畴的概念,比照微观经济与宏观经济分类思想,自然就产生了微观税收与宏观税收的概念。

微观税收是从微观的角度出发,研究具体纳税人等经济个体的社会、经济行为,分析这些纳税人个体的生产经营活动情况与财务现状,依法征收纳税人相应的税款。因此,微观税收要研究具体纳税人的生产经营活动内容、性质、数量、涉税关系及完税情况。其中税源监管是核心。微观税收的基本问题是解决"应收尽收",所采用的分析方法是个量分析方法。

宏观税收是从宏观的角度出发,研究税收总量与经济总量的变化规律及其相互之间的内在联系。它以整个国民经济活动为研究对象,说明税收总量与国民经济生产总值、投资规模、价格水平、进出口形势以及经济增长等总量指标之间的关系。其中的核心是税收经济关系。宏观税收的基本指导思想是"促进宏观国民经济持续稳定增长，保持税收收入与国民经济同步增长"。宏观税收所采用的研究方法是总量分析方法。

微观税收与宏观税收的关系不像微观经济与宏观经济那样复杂。从数量看宏观税收总量就是微观税收分量简单地汇总，基本不存在数量差异的问题。从税收的效用看，微观税收更多地体现税收征管的执行情况，因此研究的内容偏重具体纳税人的完税情况和税收负担状况；宏观税收更多地体现税收政策的执行情况，研究的内容就更丰富，包括行业税负水平与产业协调发展的关系、地区税收能力与征收效能、税收与国民经济发展关系等。

（三）微观宏观一致性问题

虽然宏观税收与微观税收关系简单明了，但由于宏观经济与微观经济之间的复杂关系，造成宏观税收经济关系与微观税收经济关系也很难建立一种简洁的联系。一个简单的例子就是不同地区微观税负可以比较，而宏观税负则没有可比性。这就引出了一个如何认识微观与宏观税收经济关系一致性的问题。

随着税收征管是以税源管理为核心观念的形成，以搞清税收经济关系为核心而展开税收分析工作得到了广泛的认同。此时此刻，各级税务领导视察工作都有意识地要了解地区的税收负担问题，并对税负偏低现象会产生质疑，要求说明为什么税收负担偏低。当然，这里所指的税收负担偏低是相对于税收负担偏高的地区而言的，而不是以一个统一的税收负担标准而言的。这里就有一个误区，似乎税收负担偏低就是税收工作不得力的表现，搞得基层税务负责人很难堪，殊不知地区之间的税负根本不能这样简单地比较。

一个地区税收负担的最终形成是经济结构、税收政策和税收征管三个方面因素综合作用的结果。由于各个地区的经济结构不可能完全相同，由此导致的适用税收政策也不尽相同，所以地区之间税收负担是不可比的。很多从事税收管理的专业人员没有意识到这一点，不仅以此评价地区的税收征管工作，更有甚者以此作为税收计划分配的依据。这样做的结果，必然会是把提高宏观税负的目标落实到具体纳税人，从而使本身微观税负就很高的纳税人的负担提得更高。因此，一些税收负担偏低的地区对分析这一指标为什么偏低感到茫然：一是不明白分析的目的，二是不明白从何入手分析。

解决上述分析问题，说明微观税收经济关系和宏观税收经济关系之间的联系，一个清晰的分析思路就是从微观税收经济关系分析入手，说明宏观税收经济关系的合理性。理由有三个：（1）以税收负担评价税收征管工作，没有宏观标准，但有微观标准。宏观税收负担与税收征管的关系在税法中没有明确的规定，但税法对具体纳税人的税收与税源的计征关系有明确规定，意味着有法定的税收负担标准可以参考；（2）考虑到税收负担形成因素的复杂性，受经济结构和税收政策因素的影响，地区之间的税收负担不可比。但从微观看，不同地区同类型纳税人的税收负担具有可比性，有作比较参考的相对标准；（3）从数理统计科学认识，一定数量的样本信息可以反映总体特征，在分析上有理论和技术上的支持。

再一个要注意的问题就是数据指标口径上的一致。宏观经济指标是根据国民经济统计需要编制的，没有按照税收核算的要求编制，所以在宏观经济指标中很难找到与税收计征关系一一对应的数据指标。在宏观税收经济关系与微观税收经济关系一致性分析工作中，注意调整两者之间的数据口径，剔除不一致成分，尽量保证两者的可比性。

税收管理

一、税源质量与税收征收效能[①]

（一）税源质量与税收

税源，追根溯源是指税收的源泉，在研究税收经济关系中，它自然应是一个经济量化指标。开展税收经济关系分析，不仅要分析税源的数量与税收的关系，同时也应该研究"税源质量"对税收收入的影响。一个简单的例子：甲乙两个企业的销售收入一样，适用的税收政策一样，但最后缴纳的税金却不相等，这说明在等量的销售收入中有不同的内在因素决定着税收收入的多少。研究税源质量，就是要

---

① 焦瑞进：“税源质量与税收征收效能”，《税务研究》，2005年第1期。

研究税源中的这种内在因素。

税源质量是指税源总体中影响税收数量变化的内在因素成分。这种内在因素可能促成税收的增长，也可能造成税收收入减少。当这种内在因素成分客观上会促成税收数量的增长，我们说税源质量好；当这种内在因素成分客观上不利于税收数量增长，或直接造成税收收入的减少时，我们说税源质量不好。

在研究税收经济关系中，影响税收数量增减变化的税源内在因素有很多。以企业经营收入这一税源指标为例，在企业收入一定的条件下，企业收入增值率直接影响企业增值税的多少，企业收入利润率直接影响企业所得税的多少，企业收入涉税关系决定企业所涉税种从而影响税收总量的多少。

由此可知，税收与税源质量之间客观存在必然的联系。在这种必然的联系中，一定的税源质量要求有一定的税收产出与之相匹配。因此，开展税源深层次的分析，就要求在税源总量分析的基础上，继续做好税源质量的分析。

（二）税源质量综合指数

1. 税源质量指数

用什么样的指标描述税源质量，也是一个有待探讨的技术性问题。税源中影响税收量变的内在因素很多，而最终的税收结果往往是各因素综合作用的结果。另一方面，在计算单一因素影响时很难剔除其他因素互相关的影响，因此，在分析实践中从方便适用的角度讲，应更多地考虑用能反映税源综合内在因素的综合指标，客观地评价税源质量的相对状况即可。为此，可以考虑取若干单项因素指标，经过数据加工处理形成描述税源质量综合指数，来评价不同税源样本的相对状况。

研究税收经济关系可知，很多描述经济效益的指标都与税收的量变有相关关系，如增值率、利润率、成本费用率等。因此可以考虑用经济效益指标建立税源质量综合指数。考虑到成本费用率与利润率是一组结构关系对应的指标，故两者取其一即可。本文在描述一个地区的税源质量时，选用了以下四项指标：

$$盈利企业比例 = \frac{盈利企业户数}{调查企业户数} \times 100\%$$

$$利润率 = \frac{盈利企业利润总额}{调查企业主营业务收入} \times 100\%$$

$$户均盈利规模 = \frac{盈利企业盈利总额}{盈利企业户数}$$

$$增值率 = \frac{企业增加值}{企业主营业务收入} \times 100\%$$

2. 指数计算方法

税源质量指数是利用相对值的概念进行综合计算，先计算各指标的相对值，再汇总相对值求平均数计算综合指数。以两个指标三个样本为例，税源质量综合指数计算过程如表 2-1：

表 2-1

分类	指标1	相对值	指标2	相对值	综合指数
平均	53.107	1	2.137	1	1
样本1	59.94	1.1287	2.29	1.0718	1.10
样本2	55.31	1.0415	2.77	1.2964	1.17
样本3	44.07	0.8298	1.35	0.6318	0.73

第一步，计算各指标各样本的具体数值及平均值；

第二步，以各样本具体值比平均值求出各样本的相对值；

第三步，汇总各指标各样本的相对值，除以指标个数即可求出相对综合指数。

以上表为例，样本 1 的两项指标的绝对值分别为 59.94 和 2.29，其相对值分别为 1.1287 和 1.0718，该样本的综合指数为两项相对数的平均数，等于1.1。

（三）税收征收率与征收效能

税收征收率是税收实际入库数与纳税能力的比例关系，计算公式如下：

$$税收征收率 = \frac{税收实际入库数}{纳税能力} \times 100\% \tag{1}$$

（1）式分子和分母同除以税源后变为：

$$税收征收率 = \frac{税收实际入库数/税源}{纳税能力/税源} = \frac{实际税负}{理论税负} \tag{2}$$

由上述关系式的演变可知，不论是以税收的绝对数还是以税负这种相对数，都可以反映税收实际征收效果和能力之间的关系，我们把这种关系称之为税收征收效能比例关系，衡量指标称为征收率。

税负这一指标，从纳税人承受角度看是税收负担，从税收和税源的关系看是税收贡献率。在税源总量确定的情况下，一定的税源质量蕴藏着一定的纳税能力，但实际的征收结果可能是超能力的"过头税"或是欠能力的征收不足。因此，在现实生活中就存在实际税负与理论税负不等的情况。研究税收征收效能的高低，可以用税收实际税负与理论税负的比值予以衡量。这一比值越高，表示征收效能越高；这一比值越低，表示税收征收效能也低。由于在税源总量确定的条件下，一定的税源质量决定了纳税能力也是确定的，因此在数理观念上企业税负本身就是反映税收实际征收效能的一项重要指标，即在同等的法律条件约束下，税负越高，表明征收效能越高；税负越低，表明征收效能也低。

（四）税收效能位差

在既定的条件下，一定的税源质量要求有一定的税收能力与之相匹配。将这一基本理念予以扩展可知，在相同的税收环境条件下，不同的税源质量有不同的税收能力与之相匹配，而且不同样本税收能力的排序必然与其对应的税源质量的排序一致。这一基本理念的数学关系式如下：

$$Y = F(X) \tag{3}$$

（3）式中，Y 为纳税能力，X 为税源质量，Y 是 X 的正相关函数。对于不同的地区样本，有如下关系：

$$Y_I = F(X_I) \tag{4}$$

（4）式表示，对于不同的税源质量，有不同的纳税能力与之相对应。由于（3）式是一正相关函数，在（4）式中有如下关系存在：

当：$X_1 > X_2 > X_3 \cdots > X_N$

有：$Y_1 > Y_2 > Y_3 \cdots > Y_N$

即 Y 值的大小排序与对应的 X 值的大小排序一致，序号相等。由此可得如下关系式：

$$I_Y = I_X \tag{5}$$

如果实际征收值 Y' 正好等于纳税能力 Y，就有如下关系：

$Y_1' > Y_2' > Y_3' \cdots > Y_N'$

即 Y' 值大小的排序与对应的 Y 和 X 是一致的。但是，如果实际征收数 Y' 不等于纳税能力 Y 时，Y' 值大小不完全取决于（3）式的函数关系，其数值的大小排序也就不会与对应的 Y 和 X 完全一致。

以上税源质量 X、纳税能力 Y 和实际征收数 Y' 三者关系的描述可以给出如下两点启发：

1. 理论上一个地区税源质量的排序决定其税收能力的排序，如果某一地区的实际税收收入排序与其纳税能力和税源质量的排序不一致，表明该地区的实际税收收入与其纳税能力有出入。

2. 由于纳税能力的排序与税源质量的排序一致，当纳税能力与税源质量的函数关系复杂时，可以不用计算纳税能力，直接用税源质量的排序评价税收实际征收效果。

因此，描述一个地区的纳税能力与税收征收效果的关系可以直接用税源质量的排序与税收贡献的排序差异予以衡量，我们将这一差异叫作税收效能位差。

当税收效能位差等于 0 时，是指一个地区税收贡献排序与其纳税能力排序相等，表明税收实际征收效果与税源质量相匹配；当税收效能位差大于 0 时，即正位差，表明一个地区的税收贡献排序相对靠前，税源质量排序相对靠后，整体征收效果较好；当税收效能位差小于 0 时，即负位差，表明一个地区的税收贡献排序相对靠后，税源质量排序相对靠前，整体征收效果较差。

（五）应用分析

利用税收征收效能位差这一原理，基于 2003 年全国税收资料调查数据，以盈利企业比例、企业利润率、户均盈利额和企业增值率等四项基础指标计算税源质量指数，以企业增值税和所得税计算的企业税负为税收征收效果指标，我们对商贸零售行业的征收效能进行了测算，测算情况如表 2-2：

1. 分大区测算

表 2-2　　　　　　　税源质量综合指数测算表

地区	企业户数	盈利比例	利润率	户均盈利	增值率	税源质量指数	排序
合计/平均	25 339	46.99%	2.46%	173.33	8.97%	1	0
华东	4 451	64.14%	3.06%	350.02	7.49%	1.365	1
西南	1 830	55.46%	2.48%	148.57	18.00%	1.262	2
东北	2 243	38.03%	1.97%	182.12	11.07%	0.974	3

续表

地区	企业户数	盈利比例	利润率	户均盈利	增值率	税源质量指数	排序
中南	7 945	42.98%	2.31%	156.73	9.11%	0.943	4
西北	3 957	39.45%	1.96%	68.01	11.80%	0.836	5
华北	6 250	47.65%	1.95%	118.60	6.38%	0.800	6

税源质量华东区最好,其他区排序依次为:西南、东北、中南、西北和华北(详见表2-2)。华东区在盈利企业比例、利润率和户均盈利三个方面的指标均排第一,促成了该区税源质量综合指数领先的地位。华北的利润率和增值率这两个重要指标均排最后,导致华北税源质量综合指数最低。

企业税负是选取与企业增值和盈利有关的增值税和企业所得税进行测算的,具体计算式如下:

$$企业税负 = \frac{企业增值税 + 企业所得税}{企业主营业务收入} \times 100\%$$

企业税负测算结果:西南区企业税负最高,达5.39%。其他区排序依次为:西北、中南、华北、华东和东北。税负最高的地区和最低的地区相比,税负相差可达4个百分点(详见表2-3)。

表2-3 税收效能位差测算表

地区	企业户数	税源质量指数	排序	税负	排序	效能位差
合计/平均	25 339	1	0	2.06%	0	0
西北	3 957	0.836	5	3.00%	2	3
华北	6 250	0.800	6	1.41%	4	2
西南	1 830	1.262	2	5.39%	1	1
中南	7 945	0.943	4	2.67%	3	1
东北	2 243	0.974	3	0.92%	6	-3
华东	4 451	1.365	1	1.40%	5	-4

比较税源质量和税负两者间的排序状况，总体看西部的征收情况好于东部的征收情况。其中，西北地区的征收效果最好，其税源质量排序只在第 5 位，但其税负排序却达到了第 2 位，征收努力程度高于税源质量定位的 3 级，效能位差等于 3。华东地区征收效果最差，其税源质量排序在第 1 位，但其税负排序只排在第 5 位，征收努力程度低于税源质量定位的 4 级，效能位差等于 –4。

2. 分地区测算

按省、自治区、直辖市和计划单列市划分的 35 个单位（不含西藏）样本进行测算，结果如下：

效能位差等于 0 的有 1 个单位，占 2.9%；效能位差小于等于 1 的有 5 个单位，占 14.29%；效能位差小于等于 5 的有 11 个单位，占 31.43%；效能位差小于等于 10 的有 21 个单位，占 60%；效能位差小于等于 20 的有 28 个单位，占 80%；效能位差小于等于 30 的有 34 个单位，占 97.14%。总体呈现一种正态分布。

税收征收效能最好的前 5 个地区，其效能位差分别为：28、25、24、21 和 19，税收征收效果位置排序比税源质量位置排序提前 20 多位；税收征收效能排名最后的 5 个地区，其效能位差分别为：–32、–23、–23、–20 和 –19，税收征收效果位置排序比税源质量位置排序落后 20 多位。税收效能位差最差的一个地区，税源质量排在第 2 位，但税收贡献排在倒数第 2 位，排位落差竟达 –32 位。

税源质量与税收征收效能关系研究的意义，在于不考虑税源总量和税收总量的基础上，省略税收能力的计算，只用调查样本税源质量的相对值和实际税负的相对值就能客观地考核和评价不同地区的税收征管工作，为宏观评税工作探索出一个全新的思路。税源质量与税收征收效能关系研究尚在起步阶段，其理论基础与基本观点尚待斟酌与完善,欢迎有识之士共同参与研究和探讨。见附表。

附表　　2003年零售行业税源质量与税负关系测算表

分类	企业户数	盈利比例	利润率	户均盈利	增值率	税源质量指数	排序	税负	排序	位差
合　计	25 339	46.99	2.46	173.33	8.97	1	0	2.06	0	
地区1	1 358	75.33	3.96	437.96	7.49	1.6442	2	1.19	34	-32
地区2	166	73.49	3.27	365.92	6.68	1.4353	5	1.41	28	-23
地区3	167	57.49	2.77	279.34	11.52	1.3104	9	1.2	32	-23
地区4	503	31.41	1.21	227.41	17.37	1.1030	15	0.6	35	-20
地区5	971	56.64	2.43	361.88	10.4	1.3620	7	1.56	26	-19
地区6	208	55.77	3.1	269.53	8.34	1.2338	11	1.62	23	-12
地区7	335	78.21	3.54	564.57	8.88	1.8368	1	2.16	10	-9
地区8	714	59.94	2.29	456.46	9.04	1.4634	4	1.96	13	-9
地区9	405	55.31	2.77	273.40	8.72	1.2143	12	1.76	21	-9
地区10	377	51.72	2.49	365.32	7.82	1.2719	10	1.84	17	-7
地区11	292	48.29	3.11	86.60	5.84	0.8599	23	1.26	30	-7
地区12	314	69.43	2.23	165.50	8.27	1.0662	16	1.7	22	-6
地区13	180	65	3.08	379.36	7.94	1.4272	6	2.06	11	-5
地区14	883	35.56	2.53	95.25	9.46	0.8474	24	1.4	29	-5
地区15	255	47.45	1.73	187.78	6.85	0.8883	21	1.57	25	-4
地区16	537	68.34	2.97	491.80	9.58	1.6419	3	2.39	6	-3
地区17	690	41.3	2.28	219.96	7.84	0.9873	19	1.79	20	-1
地区18	625	55.52	2.45	379.22	9.11	1.3470	8	2.3	8	0
地区19	3 871	44.07	1.35	40.78	6	0.5988	34	1.2	33	1
地区20	1 164	45.02	1.74	73.99	6.78	0.7142	28	1.52	27	1
地区21	462	56.71	2.39	178.00	8.35	1.0342	17	1.88	16	1
地区22	1 174	34.5	1.87	49.31	6.87	0.6361	33	1.26	31	2
地区23	1 006	40.26	2.28	81.23	6.41	0.7422	26	1.62	24	2
地区24	219	59.36	1.61	66.94	7.46	0.7815	25	1.84	18	7

续表

分类	企业户数	盈利比例	利润率	户均盈利	增值率	税源质量指数	排序	税负	排序	位差
地区25	421	39.67	3.1	89.92	7.79	0.8722	22	1.92	15	7
地区26	124	67.74	2.16	124.43	8.57	0.9995	18	2.18	9	9
地区27	2 090	45.12	1.76	34.48	8.08	0.6947	29	1.83	19	10
地区28	445	54.61	2.64	194.55	10.08	1.1181	13	2.68	2	11
地区29	935	44.06	1.45	167.46	9.52	0.8890	20	2.33	7	13
地区30	404	53.96	2.38	197.68	10.72	1.1151	14	2.83	1	13
地区31	521	50.67	1.18	52.15	7.75	0.6802	31	1.97	12	19
地区32	321	26.79	0.85	26.81	7.27	0.4712	35	1.94	14	21
地区33	743	52.89	1.38	31.80	9.81	0.7409	27	2.59	3	24
地区34	739	48.17	1.25	37.20	8.92	0.6862	30	2.5	5	25
地区35	3 057	32.55	1.68	42.95	9.31	0.6645	32	2.54	4	28

二、税收贡献率：让小企业登上纳税排行榜首

"谁的税收贡献大？"传统的观念是谁缴纳的税款多谁的税收贡献就大。因此，在"纳税百强"排名活动中，上榜的纳税大户备感荣耀，风光无限。但是，换一种思路评价企业纳税多少，换一个指标给企业纳税排行，用税收贡献率来分析纳税人对国家的税收贡献，我们就会发现一个新的现象：从税收贡献率地区排行看，河北省的重点税源企业税收贡献率最高，而有着众多重点税源企业的东南沿海等经济发达地区未能名列前茅；卷烟行业不仅是纳税大户，在行业排序中其税收贡献率也最高；在缴纳税款的数量上，国有企业无疑是我国税收收入的"龙头老大"，但按企业注册的经济类型构成排序，乡镇集体企业的税收贡献率最高，国有企业比不过私营、集体、港澳台资和外资企业。

（一）税收贡献率的内涵

那么，什么是税收贡献率？以科学发展观认识税收，以精细化管理思维管理税收，以社会资源的有效配置经济思想看税收经济关系，论税收贡献的大小就必须参考纳税人占用社会资源的情况，要明确纳税人的税收贡献是在占用了多少资源的条件下创造的。也就是说，论税收贡献的大小不能单凭纳税人缴纳税款的绝对数量这一单一数据，还要考虑其占用社会资源的多少，以税收贡献总量与占用社会资源数量的比例关系论英雄。这一比例关系就叫"税收贡献率"。

从数理概念上讲，税收贡献率是纳税人缴纳的税款与其占用的资产总额的比例关系。例如，一家企业，其资产规模为100万元，2004年缴纳各项税收5万元，则其税收贡献率为5万元÷100万元＝5％。这表明，该企业每占用100元的资产，就向国家贡献5元钱的税收。

从社会经济意义上讲，税收贡献率是一个新生的评价社会经济效益的经济数据指标。有了这一指标，不仅可以从社会经济效益的角度评价纳税人的税收贡献，而且可以从社会资源的有效配置角度研究税收政策，并为中小企业展现社会价值提供机会。以税收贡献绝对数额排纳税百强，中小企业纳税人始终没有上榜的机会。现在，如果以税收贡献率评价纳税人对社会的贡献，消除了大、小企业在规模上的不平等竞争条件，使得纳税人不论大小，都有参与竞争的机会，都有自我表现的权利，企业不论大小都有荣登榜首的可能。

深入研究税收贡献率这一经济数据指标，将为研究税收政策如何在平衡税负关系、引导产业投资、有效配置社会资源和协调市场经济构成等方面发挥经济杠杆的作用作出积极的贡献。由于一些重点税源企业没有填报资产数据等原因，以下统计依据为有限样本。

（二）河北企业：税收贡献率排序独占鳌头

2004年重点税源数据显示，按重点税源企业的地区分布排序，河北省的税收贡献率最高，达到6.28%，意味着河北省重点税源监管企业每占用100元的资产，就可以向国家贡献6.28元的税款。税收贡献率前10名的地区依次为：河北、黑龙江、湖南、四川、安徽、甘肃、青海、辽宁、广西和山东。东南沿海等经济相对发达地区只有山东入围，并排在第10位。在国家税务总局监管的28 018户重点税源企业中，东南沿海地区上报13 188户，占全部重点税源企业的47.07%，企业数量位居第一；共缴纳税收33 295 077万元，占33.57%，税收规模也排第一。然而，在税收贡献率排序前列，却难觅东南沿海等经济相对发达地区的踪影。

（三）卷烟行业：两年贡献的税收再造一个烟厂

按重点税源监管企业的行业构成排序，卷烟行业的税收贡献率最高，达到53.48%，意味着投资卷烟制造业其税收贡献两年就可以再建一个同等规模的企业。税收贡献率前10名的行业依次为：卷烟制造、烟草制品零售、饮料及茶叶批发、原油加工及石油制品制造、天然原油和天然气开采、啤酒制造、烟草制品批发、其他煤炭采选、炼焦和白酒制造。由于税收是企业新创造价值中的一个重要组成部分，企业的税收贡献率越高，意味着企业的增值幅度也越高，所生产经营的产品越有利可图。所以税收贡献率较高的行业，往往就是具有高附加价值的行业，也可以说是有利可图的行业，引导着企业投资的方向。从我国税收贡献率排名的情况，前 10 名主要集中在烟、酒和能源等几个行业。

在税收贡献率较高的行业中，除煤炭采选和炼焦外，其他 8 个行业均涉及消费税的征收。而且，这些行业增值幅度较高，其增值税和企业所得税的税负也相对较高。可以说这些行业的税收贡献率高，是由于其增值幅度高和征收消费税共同作用的结果。

这些行业税收贡献率之所以高，一方面是由于这些行业的增值幅度高，另一方面是由于税收政策。对上述这些行业除征收普遍适用的增值税和企业所得税外，还要征收消费税或资源税，这加重了企业的总体税负，提高了企业税收贡献率，体现出当前税收政策对这些企业的"偏爱"和调节、限制其中一些产业发展的意图。

为什么在我国假烟假酒屡禁不止，原油走私严打不断？数据表明这些行业本身已是高附加值、高利润回报的行业，如果再通过造假、走私偷逃税款，更是有暴利可图。

（四）乡镇企业：我很少，但我税收贡献很多

按重点税源企业注册的经济类型构成排序，乡镇集体企业的税收贡献率最高，达到 9.19%。税收贡献率前 10 名的企业类型依次为：乡镇集体企业、港澳台商股份公司、外商投资股份公司、中外合资经营企业、私营独资企业、上市股份公司、集体企业改组股份合作企业、私营有限责任公司、外商独资企业和私营股份有限责任公司。在国家税务总局监管的 28 018 户重点税源企业中，国有中央企业和国有地方企业共 9 478 户，占 33.83%；缴纳的税收合计 39 188 009 万元，占 39.72%；户均税收国有中央企业为 6 498 万元，国有地方企业为 2 177 万元。乡镇集体企业 422 户，仅占 1.51%；缴纳的税收合计 519 746 万元，占 0.53%；户均税收 1 232 万元。无论是企业数量、税收规模，还

是户均税收,乡镇集体企业都无法与国有企业相提并论,但税收贡献率却位居榜首。在税收贡献率排序前 10 名中,私营、集体、港澳台资和外资企业榜上有名,却没有国有企业的影子。这显示出民营和外资企业在资产利用方面的优势,民营与外资企业的经营活力及潜能。所以说,发展民营经济,引进外资,绝不仅仅意味着是我国市场经济实体构成的补充和丰富,更重要的意义在于社会资源的有效配置和高效运作。

三、纳税评估的基本思路与方法[①]

2005 年国家税务总局正式出台了《纳税评估管理办法》(国税发〔2005〕43 号)。随之,全国税务系统上上下下都轰轰烈烈地开展了纳税评估活动,总局的各业务司也相继成立了纳税评估处。但纵观各地研究开发的纳税评估方法和软件,却无统一的章法。为此,有必要与业内人士共同商讨一下纳税评估的基本思路与方法。

(一) 纳税评估概述

1. 纳税评估的内涵

根据国家税务总局出台的《纳税评估管理办法》的有关精神,纳税评估的概念是指税务机关通过对纳税人相关数据信息的分析,对纳税人和扣缴义务人纳税申报(包括减、免、缓、抵、

---

① 吴新联、焦瑞进,以题为"掌握纳税评估方法,加强税源管理"刊发于《中国税务》2006 年第 11 期,2005 年整理建立成套的纳税评估方法,同时被国家税务总局办公厅编辑的内部资料《税收经济调研》2006 年第 52 期采用,由此开启了我国系统开展纳税评估工作的先河。

退税申请）情况的真实性和准确性做出定性和定量的判断，并据此采取进一步征管措施的管理行为。

管理办法中所指纳税申报情况的真实准确性，集中体现为计税依据与应纳税额等关键数据指标的真实准确性。由于应纳税额是由申报的计税依据乘以适用税率计算得出，所以关键数据指标是指纳税人申报计税依据的真实准确性。由此可知，纳税评估的核心不是对税收评估，而是对纳税人申报税源的真实准确性进行评估。评估纳税人税收经济关系的合理性，不是指申报数据所反映的税收经济关系合理性，而是申报应纳税额与真实税源之间的相关合理性。所以，纳税评估不是对纳税人缴纳税款的评估，而是对纳税人取得的生产经营收入和经济效益的评估。

纳税评估的对象为主管税务机关负责管理的所有纳税人及其应纳所有税种。但在实际工作中不会对所有纳税人进行评估，而是有重点选择部分纳税人进行评估。正确地筛选纳税评估对象，是优质高效开展纳税评估的首要环节，通常应依据税收经济关系的宏观分析、行业税负规律特征分析结果等数据，建立预警体系，确立重点评估对象，进而实施具体的纳税评估。

2. 评估程序与方法

纳税评估常用的基本程序与常用的技术方法如下：

（1）通过宏观分析与税收征管海量数据的测算，总结纳税人税收经济关系的规律特征，设置相应的预警标准建立预警体系，通过预警体系筛选重点纳税评估对象；

（2）对纳税评估对象申报的纳税资料进行案头的初步审核比对，以确定进一步评估分析的方向和重点；

（3）通过横向数据对比分析、纵向数据规律分析和数据指标逻辑关系的相关合理性分析，推断和确认纳税人申报数据的真实性和疑点问题，估算纳税人的潜在的生产经营收入，推断纳税人的实际纳税能力；

（4）就评估出的问题、疑点和推断的纳税能力，与纳税人进行约谈。纳税人如能认可并接受评估结果，则按评估税源情况查补税款；纳税人如不能接受评估结果，将评估资料转稽查部门立案稽查。

（二）纳税评估分析的基本思路框架

理论上讲，各税种都有其自身的计征特点，相应地应有各自的纳税评估特点。但实际操作过程中，考虑到税源的关联性，没有必要分税种进行纳税评估，解剖相对复杂的增值税和企业所得税的计征关系，可以理出纳税评估的基本思路与方法。

1. 计征特点的启示

（1）增值税计征特点。增值税是为了避免重复征税而以经济活动中新创造的增加值为税基的课税税种。在这一基本概念的基础上，可以以不同的计征方式实现这种课税理念。在我国则是在产品的生产和销售环节以销项税额减进项税额的计征方式实现的，基本计算公式如下：

增值税应纳税额＝销项税额－进项税额

按这一公式计算，受不同纳税人生产经营特点和税收征管相关规定的影响，短期看，纳税人有一百个理由可以形成零申报。如企业季节性生产一次大批量购进原材料；认证期内专用发票的堆积并一次性抵扣；前期留抵税额的影响；出口产品免抵退税政策应抵税额的影响等。因此，单从当月的纳税申报表很难给出申报合理与否的判断，唯一的审核凭据就是增值税专用发票，通过认证即应抵扣。

但是，上述各种问题，除出口产品的影响外，其他几种影响在企业长期运行过程中经平均化处理会减轻并消除影响，呈现出进项应小于销项的这一普遍存在的客观经济规律。依据增值税的这种计征特点，可以得出一个结论，增值税的分析或评估不能按月进行，但可以在较长时期的基础上开展分析。考虑到增值税发票的认证期为3个月，分析期限最短也不能低于三个月。

（2）企业所得税计征特点。企业所得税是国家参与企业所得分配而课税的税种。在这一基本概念的基础上，我国企业所得税的基本计算公式如下：

应纳税额＝计税所得额×适用税率

企业计税所得额是在企业利润的基础上，按税收核算制度经过汇算清缴调整得出的，计算关系如下：

计税所得额＝企业利润总额＋调整增加项－调整减少项

综合上述两个公式的计算关系看，影响企业有无税收的变量因素有四个，即企业利润、调增项、调减项和适用税率。涉及的政策因素有：①经济类型政策，内外资企业的差别待遇；②地域政策，各种特区、开发区、西部地区的优惠差异；③规模政策，根据企业盈利规模水平分别适用18%、27%和33%的税率。此外，在征收方式上，企业所得税的征收是按期预缴，年度汇算清缴。

由此确定的税收经济关系特点如下：①短期没有税基。由于按季预缴，年度汇算清缴，所以短期内没有调整，就没有确定的税基，也就没有明确的法定税收经济关系；②以利润作代表性税基。企业盈亏及互补的不确定性，使短期的税收经济关系不能确定；③以收入作代表性税基。以收入作代表性税基实施定率或定额征收，可在短期内建立确定的可参考的税收经济关系。

从近些年各地汇算清缴实际操作的结果来看，调整项目占企业利润的比例很小，可以说决定企业有无税收的问题主要取决于企业利润。受不同纳税人生产经营特点和税收征管相关规定的影响,短期看,纳税人很容易做成零申报。如企业季节性的供销关系;建筑业的建筑周期;企业所得税按期预缴,年终汇算清缴政策等。因此,单从当月或当季的纳税申报表很难给出企业申报合理与否的判断。但从年度看,所有季节性问题或一次性因素的问题都会在年度核算中均摊消除影响,呈现出"经营的最终目标是为盈利"的这一普遍存在的客观经济规律。

(3)计征特点的启示。从以上增值税和企业所得税的计征特点分析可知,企业纳税评估的分析不能按月或季参考短期申报数据进行,只能开展中长期分析,最好以年度为核算期间开展分析。

2. 口径差异的启示

增值税应纳税额的计算关系虽然是销项税额减进项税额,但税基的实质内涵是增加值;企业所得税应纳税额的计算关系虽然是计税所得额乘以适用税率,但其税基的实质内涵是企业利润。不论增加值、利润还是应税所得额,都存在一个会计核算与税收核算的口径差异。由于会计核算是基础,税收计征关系是特性,研究两种核算口径上的差异性和关联性,有两点启发可供建立评估分析体系时参考:一是利用指标间的逻辑关系进行分析;二是利用指标配比关系的规律性开展分析。由此可总结出企业纳税评估的分析指标体系和基本思路:一是以会计核算为基础,利用企业财务指标的逻辑关系建立评估分析指标体系;二是以客观经济规律为主导,利用财务指标的配比关系建立评估分析方法体系;三是充分认识指标口径的差异性,看重综合分析和规律分析,看重年度分析,看淡月份分析。

3. 评估分析指标与方法

(1)评估分析指标。总结上述计征特点和指标口径差异的分析可知,企业纳税评估的关系性指标有:企业收入、直接消耗材料、增加值和利润。这四项指标之间存在确定的逻辑计算关系和一定的相关关系。纳税评估分析可以基本上围绕这四大指标的逻辑计算关系和相关关系的分析展开。

（2）评估分析思路（步骤见图2-1）。

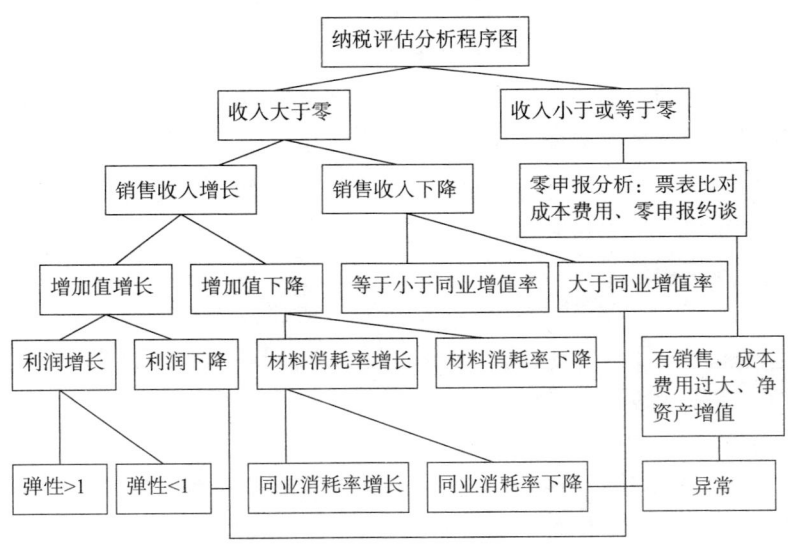

图2-1

依据上述纳税评估分析的四大指标，纳税评估分析的基本思路与程序如下：

第一步：以研究企业生产经营收入为起点，首先区分零申报与非零申报。零申报进入零申报评估程序，通过票表比对与查账提示问题；非零申报再区分收入增长和收入下降两种情景进入下一评估程序；

第二步：判断收入下降的真伪与合理性；

第三步，在收入增长的情况下，判断增加值下降的真伪与合理性；

第四步，在增加值增长的情况下，判断利润下降的真伪与合理性。

（3）评估分析方法：

①判断有无税收。用较长一段时期的企业数据测算企业的收入、增加值和利润，判断有无税收。由于会计核算的增加值小于税收核算的增加值，故会计核算增加值大于零，就一定应有增值税税收，特殊影响因素主要是出口比例。由于会计核算的企业利润小于税收核算的计税所得额，故会计核算利润大于零，就一定应有企业所得税税收。

②税源检验。

A. 逻辑关系检验。一是分别测算增加值1和增加值2，是否一致、大于或小于零；二是要求经营利润等于或大于零，增加值一定大于零；三是资产的增值与否，净资产增值，要求增加值与利润一定大于零。

B. 横向分析。应用同业规律分析模型，测算下列相关的会计核算配比率，比较差异，发现问题。

指标：增值率、税负率、材料消耗率。

判断：增值率低于同业增值率的预警下限，有虚增进项的可能，预警；税负低于同业税负的预警下限，进销项配比失调，预警；材料消耗率大于同业消耗率，有隐蔽收入的可能，预警。

C. 纵向分析。根据生产经营的稳定均衡性和规律性，测算同一纳税人历史数据的变化趋势和波动情况，观察差异，发现问题。测算的指标有：

基础指标：企业总产值、企业中间投入、直接消耗材料、全部销售收入、计税销售收入、出口交货值、劳动者报酬、折旧、营业利润、应交增值税等指标的变动率。

配比指标：增值率、税负率、材料消耗率的变动率。

D. 相关分析。建立增加值、利润与经营收入的相关性分析，分析税源质量和问题。在高度相关的基础上：变化弹性大于1，税源质量向好，要求税收的变化弹性也要大于1；变化弹性等于1，质量没有变化，税收的变化弹性也应接近于1；变化弹性小于1，质量趋向不好，税收变化弹性允许小于1。

增加值、利润与经营收入相关性不高，相关系数 R 值小于0.7，进入约谈程序，解释为何不相关。

（三）税种关联分析

理论上，各税种都有各自的计征特点，相应地也会有自身独特的分析指标和分析内容，由此形成一套按税种评估分析的完整体系。但根据税收经济关系经济要素之间的会计核算联系，可建立起税种指标之间的关联性，由此决定了在纳税评估的实际操作中，没有必要按税种设置分别进行纳税评估，而应充分认识和利用税种之间的关联性，以纳税人为研究对象，通过对纳税人的税源和经济效益的综合评估，解决各税种评估的共性问题，再依据各税种的特点，解决评估中的具体个别问题。

1. 纳税评估的三大税源指标

增值税、消费税、营业税和企业所得税这四大税种，前三者是间接税，也称流转税，企业所得税属于直接税。不论什么性质，这四大税种的计征都会涉及企业收入，其中增值税和企业所得税的计征关系还会涉及效益指标、企业增加值和利润。因此，企业收入、增加值和利润就形成了企业纳税评估的三大税源指标。

2. 评估分析的关联关系

三大税源指标的关联性，决定了纳税评估分析可以利用这种关联性建立综合评估思路,没必要按税种建立评估体系,从而避免对某些经济要素进行重复评估。总结企业利润核算的基本关系可知,间接税评估税基的增值部分,可以作为直接税的税基直接补征税款。

(1)收入关联。

①不涉及价内税的关联关系。增值税评估增加的企业收入全额等于企业新增利润,应全额补征增值税及企业所得税。由于成本费用和材料消耗是企业申报企业所得税时申报的最大值,而且是既定、不能再改变的值,并且增值税是价外税,所以纳税评估所产生的新增企业收入就全额形成了企业增加值和利润。这种情况下,补税的处理就应按全额新增收入乘以增值税税率和所得税税率计算税额,以不低于这两税税率的合计税率补税。如以 R_1 和 R_3 分别代表增值税税率和企业所得税税率,补税计算公式如下:

$$应补交税额 = 新增收入(R_1 + R_3) \tag{1}$$

如增值税率和企业所得税率分别为17%和33%,补税额应不低于评估新增收入的50%。再处以一倍以上的罚款,评估新增收入可全额征缴入库。

②涉及价内税的关联关系。对于生产征收价内税(如消费税和营业税)的企业,对其收入评估新增的部分不能全额视为企业利润,而应扣除补缴的价内税后再计算补征企业所得税。以 R_2 为价内税税率,这时补缴税额计算的关联关系如下:

$$应补缴税额 = 新增收入[R_1 + R_2 + (1 - R_2)R_3] \tag{2}$$

再处以一倍以上罚款,上述(2)式乘以2所得税额全额征缴入库。

(2)成本费用关联。增值税与企业所得税的税种关联关系,除有收入的关联性,还有成本费用方面的关联性,如企业成本费用中的材料消耗核算。在其他因素均不变的条件下，材料消耗评估值的减少额，即为企业增加值和企业利润的净增值额。这种情况下，企业应同时补缴增值税和企业所得税，补缴税额计算公式如下：

应补缴税额＝材料消耗评估减少额（$R_1 + R_3$）　　　　（3）

四、浅谈税收经济关系与税制改革[①]

"浅谈税收经济关系"，谈什么？没说，也不用说，业内人士都知道税收经济关系的核心要求是说税收经济的依存关系及其合理性。浅谈，就是想抓住一些要点看问题，不准备方方面面地展开漫谈。

税收经济关系的合理性，包含两个方面的意思。一方面是指税收经济关系是否符合税收法律规定的关系，即法定意义上的合理，这一点在税收征管考核中非常重要，考核是否征收到位；另一方面是指这种既定的税收经济关系是否有利于国民经济持续稳定健康的发展，即经济意义上的合理。大家都知道，这两个方面的关系，经济是基础，法律是上层建筑，经济基础决定上层建筑，经济发展要求与之匹配的税收制度，先进有效的税收制度又可有力地推动经济发展。所以，税收经济关系合理与否的认识，首先应该看是否有利于国民经济持续稳定的发展，反过来再看税法的遵从度，再进一步检查税法制定的合理性，研究税制改革与

---

① "从税收分析指标的关联性系统解析税收经济关系"，《中国税务》2007年第8期，首次提出税收经济关系分析的理念与思路方法。在电脑中的历史文献中找不到这一标题的原稿了，却发现"浅谈税收经济关系与税制改革"一文也别具风格，简洁清晰地交待了税收经济关系与税制建设的关系。

否的必要性。税制改革与否参考的核心要点就是经济学理论的最优税率问题。处在最优税率状态下的税收经济关系，既能有效地促进国民经济持续稳定健康的发展，又能保证政府公共支出的基本需要，满足人们和谐生活的愿景。

（一）当前我国税收经济关系客观合理

说我国当前税收经济关系客观合理，因为这是事实。俗话说"存在即合理"。不敢说此语是普遍适用的真理，但用在这里却恰如其分，无可挑剔，可以由以下的事实具体说明。在现有的税收制度下，也就是20世纪90年代中期税制改革以来，我国的国民经济经历了有史以来的高速发展阶段，从1998年7.8%一位数的增长到今年前三季度的11.5%两位数的高速增长，税制改革以来每年平均以8.66%的速度增长；同时，国家财政税收也以每年平均16.67%以上的速度增长，2006年达到了38 760亿元。充足的公共财政有力地保证了政府对人民公共服务内容的提供，国防、科技、教育、保障体系都有了长足的发展；人们的收入水平有了明显提高，物资、文化生活丰富多彩，正在奔向小康社会。所有这些事实，从大的方面看，都可以说明现有的税收经济关系从经济意义上讲是非常完美合理的，不存在相互掣肘的问题。

（二）税法遵从度偏低

那么上述税收经济关系，从法律意义上讲用数字来说是一种什么样的关系呢？

2007年中国统计年鉴表数据显示，1998年以来以工业增加值和应纳增值税计算的税负率就从来没有超过14.6%，而且呈逐年下降态势。如以16.46%这一加权理论税负计算，这些年工业增值税的征收率最高也只有 88.43%，也呈逐年下降态势，最低的 2006 年只有 71.42%。见表 2-4。

表 2-4　　　　　工业增值税税负计算表　　　　单位：亿元

年份	工业增加值	应纳增值税	计算税负	理论税负	征收率
1998 年	19 421.93	2 827.02	14.56%	16.46%	88.43%
1999 年	21 564.74	3 105.92	14.40%	16.46%	87.50%
2000 年	25 394.8	3 685.2	14.51%	16.46%	88.16%
2001 年	28 329.37	4 018.09	14.18%	16.46%	86.17%
2002 年	32 994.75	4 476.01	13.57%	16.46%	82.42%
2003 年	41 990.23	5 487.73	13.07%	16.46%	79.40%
2004 年	54 805.1	6 912.78	12.61%	16.46%	76.63%
2005 年	72 186.99	8 520.94	11.80%	16.46%	71.71%
2006 年	91 075.73	10 707.16	11.76%	16.46%	71.42%

这组数据说明，近些年的税收经济关系是明显低于税法规定要求所对应税收经济关系，也许正是低于理论税负的这种税收经济关系有力地推动了我国近期国民经济的发展。从税收与经济的动态关系看，税负率和征收率的逐年降低，正好是我国国民经济增长速度逐年提高的时期，不难看出这一因素虽说不是唯一因素，却是一个有力推动的真实写照。这种真实的或者说事实的税收经济关系，从另一个角度看就是税法遵从度偏低的问题。说税法遵从度偏低，是因为实际税负低于法定税率，说明纳税人没有按照法定的要求尽自己纳税的义务，而是在国民收入的初次分配过程中侵蚀了国家法定的财政收入，满足了企业自身发展资金积累的需要。

（三）政策建议

以上事实税负低，但确实有力地推动了国民经济的发展，而且能满足公共财政的基本支出需求。这一事实税负，虽然不敢说就是最优税率，但确实是处在一个较佳位置的税负。我国税法规定的法定税率，虽然没测算验证就不是最优税率，可事实上纳税人没有完全遵从这一税率，从另一个角度反映了纳税人的一种意愿——太高。

上述数据与事实说明，当前事实上的税收经济关系在经济意义上完美合理，在法定的意义上讲税法遵从度偏低，也就是法定意义上的不合理。税收经济关系合理性的要求是要同时满足经济意义和法定意义两个方面的合理性，针对这一单方面合理的矛盾，就是今后工作的命题——如何解决这一矛盾。解决这一矛盾有两种方式：一是提高法律遵从度，提高征收率和实际税负，使之符合法定的要求，但对经济的发展有没有制约性的影响不好说，因为没有数据说明现有的法定税律是最优税率；二是进行税制改革，降低法定税率，使之接近当前的实际税负，从当前的事实情况看既有利经济的发展，也不影响公共财力，而且从长远看会产生更充足的财力。

五、浅谈经济发展水平与税收管理的关系[①]

宏观经济特征分析，最重要的一个特征值就是发展水平。描述经济发展水平可以从不同的角度、经济内容及其构成来说明，涉及的数据指标也很多，但若局限在税收工作的联系看，至少应包括以下几个方面：经济总量、人均水平和结构布局。这几个方面都与税收能力估算、税收制度的设计存在着密切的联系。

---

① "浅谈经济发展水平与税收管理的关系"，《税收研究资料》，2009年第2期。

（一）发展水平与经济总量

描述经济发展水平可以从不同的角度、经济内容及其构成来说明，但如果要用一项数据指标来概括，无疑这一指标非经济总量莫属，所以描述经济发展水平最重要的一项数据指标就是经济总量。

反映经济总量的数据指标也有很多，如总产出、国民收入和国内生产总值等。其中，用国内生产总值（GDP）这一表现一定时期社会新创造的价值量来表现经济总量最为科学，并为世界各国的经济界人士普遍接受。

认识经济水平所处的位置，单一靠解读 GDP 的总量是没有意义的，一定要有参照数据进行对比，才能说明发展水平所处的阶段位置。以 GDP 总量衡量经济发展水平，中国的经济发展在近半个世纪的表现是非常令人惊喜的。以美元计算的 GDP，中国在 1970 年时排在世界各国的第 13 位，80 年代进入前 10 位，到了 2005 年跨入了前 5 位，2006 年以来一直保持在第 4 位（见表 2-5）。

表 2-5　　不同年代经济水平排行前 10 位的国家　　单位：亿美元

20 世纪 70 年代		20 世纪 80 年代		20 世纪 90 年代		2000 年		2006 年	
美国	10 255	美国	27 956	美国	58 033	美国	98 247	美国	132 217
日本	2 068	日本	10 279	日本	30 522	日本	47 661	日本	49 114
西德	2 037	西德	8 261	德国	15 470	德国	18 752	德国	28 582
法国	1 470	法国	6 824	法国	12 198	英国	14 409	中国	26 847
英国	1 236	英国	5 367	意大利	11 045	法国	13 133	英国	23 414
意大利	1 077	意大利	4 546	英国	9 946	中国	10 808	法国	21 537
加拿大	851	中国	3 015	加拿大	5 827	意大利	10 776	意大利	17 840

续表

20世纪70年代		20世纪80年代		20世纪90年代		2000年		2006年	
澳大利亚	429	加拿大	2 689	西班牙	5 115	加拿大	7 242	加拿大	10 889
墨西哥	396	西班牙	2 218	巴西	4 650	巴西	5 998	西班牙	10 812
中国（13）	272	阿根廷	2 090	中国	3 878	墨西哥	5 814	印度	8 000

从经济指标的平均状况看，中国经济发展水平仍处在一个相对落后的行列。在经济总量前10强的国家中，中国每万平方公里产生的GDP近28亿美元，排第7位；中国人均GDP只有2 000多美元，排在前10强的最后一位。若单按人均GDP排序，中国仅仅排在第50位（见表2-6）。

表2-6　　经济总量前10强国家的平均经济数据

排序	国家	2006年					2007年	
		GDP（亿美元）	国土面积（万公里²）	地均GDP	人口（万）	人均GDP	GDP（亿美元）	人均GDP（美元）
1	美国	132 217	983	134.50	30 053	43 995	139 800	46 280
2	日本	49 114	38	1 292.47	12 746	38 533	52 900	41 480
3	德国	28 582	36	793.94	8 242	34 679	32 800	39 710
4	中国	26 847	960	27.97	131 457	2 042	30 100	2 280
5	英国	23 414	24	975.58	6 060	38 636	25 700	42 430
6	法国	21 537	55	391.58	6 088	35 377	25 200	41 200
7	意大利	17 840	30	594.67	5 813	30 689	20 900	35 980
8	加拿大	10 889	998	10.91	3 310	32 898		
9	西班牙	10 812	50	216.24	4 040	26 763		
10	印度	8 000	329	24.32	109 535	723		
8	西班牙						14 100	30 820
9	加拿大						13 600	41 470
10	俄罗斯						11 400	8 030

(二) 发展水平与经济结构

认识经济发展水平,在数量说明的基础上,另一项重要的指标就是质量,其中说明质量的一个重要指标就是经济的内容结构,特别是指产业结构。不同经济发展时期的经济内容必须适应不同时期人类的生活需求,才能有市场,才能有发展。随着经济的发展,人类需求也从初级阶段简单的温饱型逐步向丰富的物质型、服务型以及精神需求发展,导致描述经济发展水平变化的一个重要标志就是第一、第二产业结构比例的逐渐萎缩和第三产业结构比例的逐步扩大。从经济总量前六位的经济大国的产业结构比例看,美、日、德、英、法等五国第三产业的结构比例均在70%左右或之上。而中国第三产业比重只有40%,不足经济总量的一半。中国经济结构中第一、第二产业的比重较大,从经济发展的历程看,意味着中国的经济内容仍然停滞于传统产业的生产,新经济的成份较低,是经济落后的一项重要标志。见表2-7。

表2-7 经济总量前强的产业结构(%)

	第一产业	第二产业	第三产业
美国	1	20.4	78.6
法国	2.05	20.77	77.18
英国	0.87	22.93	76.2
日本	1.4	28.67	69.93
德国	0.85	29.4	69.75
中国	11.3	48.6	40.1

数据来源:OECD统计报告。

(三) 经济发展水平与税收管理的关系

上述中国经济发展水平数量和质量两个方面的简单描述,说明了现阶段中国经济发展现状的两个特点：一是总量规模较大，人均规模弱小；二是传统产业比重过高，新经济内容成分偏小。

从税收管理工作的角度讲，认识宏观经济特征，可以为税收管理工作提供数据支持和决策服务。上述两个方面的经济特征，可从两个方面服务于税收管理工作，一是为税制建设提供决策依据，二是为税收政策的应用提供数据支持。

1. 与税制建设的联系

（1）与税率的关系。通常所说的"经济决定税收"，更多地是想反映经济总量决定税收规模这样的命题。而决定经济和税收两者数量相关关系的因素是税率。所以税制设计的一个重要因素就是考虑经济的发展水平与公共财政基本需求两个方面来确定税率。对于经济欠发展国家，经济总量小，要保证公共财政基本支出需求，通常的做法是实行高税率；相反，对于经济发达国家，由于经济总量大，带来的税收规模也大，在保证公共财政基本支出的条件下，就可以适当降低税率，减轻企业负担，发展生产力。这种税收经济关系匹配的要求，决定了贫穷国家的税率相对较高，发展中国家的税率相对较低。而由于发展中国家税率较重，企业负担较大，也制约了社会经济的发展，所以从这种角度看，经济发展的初级阶段，经济发展的历史相对会更长一些。经济发展到一定规模，其带来的税收足以保证公共财政基本支出需要以后，就应适当地降低税率，解放生产力，促进经济的进一步发展。2007年我国企业所得税"两法"合并，企业所得税税率由原来的33%降低到25%，一定程度上也是顺应经济发展时势的要求。

（2）与税种结构的关系。经济决定税收，有两个方面，除了决定税收规模，还要决定税收的结构。税制建设的一项重要内容就是税种结构的关系，特别是主体税种的确立。长期以来，我国一直是以流转税为主体税种。尽管近期随着所得税比重的提高，学界存在双主体税种的说法，但到2007年，企业所得税和个人所得税合计所占比重只有26%，还很难提升到主体税种的地位。特别是个人所得税，只占当年税收的6.4%。

中国现行税制结构，以流转税为主体税种（2007年达到64.65%），是符合中国经济发展现状——经济总量较大、人均规模弱小特点的。中国经济的这种特征，要求中国税制为满足中国财政的需要，必须以流转税为主体，以经济总量的流转量为税基征税，才能保证税收规模。中国经济的人均规模很小，按收入分配法计算的人均收入更少，以此为税基征收个人所得税作为主体税种是不可能满足中国财政需要的。目前，中国人均经济水平要达到1万美元的水平，还需要翻两番，达到经济发达国家的人均水平至少还需要翻4番。由于企业所得税受企业盈利的影响变数很多，个人收入水平一时又很难提升上来，以此推断，在近20年内中国税制要满足中国公共财政的需要，以流转税为主体的原则不能变，以流转税为主体的税制结构还将会持续一段较长的时间。

（3）与简化税制的关系。经济基础决定上层建筑，经济发展水平也会影响税制的繁简程度。当经济发展水平低，经济规模小的时期，由于经济总量带来的税收总量小，不能有效地满足公共财政基本支出的时候，各国政府都会设法巧立名目，开征形形色色的苛捐杂税，使税制相对复杂；随着经济水平的发展，经济规模扩大带来的税收足以保证公共财政基本支出后，就无须设立众多的税种以保证政府财政支出的需要。另一方面，随着经济发展，资本的积累和人们生活水平的提高，税源也会从物资的生产环节向服务消费和资产保有环节转移，影响税收在不同经济领域的转移。纵观OECD公布的OECD国家2003年的税收统计数据，这些国家的税种结构非常简单，分类主要是 5 个部分：所得税（34%）、社会保障税（26%）、货物劳务税（19%）、特别消费税（12%）和财产税（6%）。OECD 公布的税收统计数据，集中体现了经济发达国家税制简化的方面。

总体上看，我国现阶段提出的"低税率、宽税基、简税制"的原则精神，一定程度体现了我国经济发展由小康向发达过渡的税制建设要求。

2. 与税收政策应用的联系

税收与经济的联系，在经济决定税收的基础上，税收还会反作用于经济，调控经济的发展，调节收入的分配。

观察中国经济近 30 年以来的发展，主要还是停留在传统产业的发展，基础设施的建设和物资产品的生产，特别在近期对产品的出口依赖很大。当美国次贷危机造成全球经济衰减，导致我国出口遇困、国内房地产市场又相对过剩时，造成了中国经济 2008 年先通胀后滞胀的不景气局面。

参考美国 20 世纪 90 年代产业升级和经济转型，延长了全球经济产业链，拓展了全球经济发展的空间。许多产业转移和生产外包促进了中国、印度等国经济快速增长，而美国和新兴市场经济国家的蓬勃发展，也带动了日本和欧洲经济的复苏。以日本为例，在美国引领的信息经济大潮中，日本企业创新能力提高，以无线网络为主的 IT 产业及软件产业，以及以电子预警、通信系统、战机研发系统等为核心的现代军工产业迅速上升；传统产业竞争力增强，以石油开采及其设备生产等能源、环保产业强劲扩张，海运、造船、钢铁、化工复兴、汽车产业竞争优势突出；面对亚洲新兴市场的资源需求高速上升，运输、物流业出现蓬勃发展。

美国 20 世纪 90 年代产业升级和经济转型促进本国经济发展并以此带动全球经济发展的经验，告诉我们中国经济当前实际上面临着同样的问题和挑战。虽然扩大投资、促进消费是拉动经济的基本手段，但投资什么领域、促进何种消费、开拓哪类出口市场将对引导中国的经济发展方向、促进产业升级和实现经济转型具有深远的影响。从中国的产业结构看，中国经济落后已不再停留在总量上，而是产业结构的落后。中国经济发展要想有实质性的飞跃，则必须在保持现有物质生产的基础上大力发展生物工程、信息技术等高新技术领域，同时拓展金融产品、服务行业和文化娱乐行业等服务产业，促进中国经济的产业升级和经济转型，才有可能实现中国经济持续、稳定和健康的发展。为此，税收政策要围绕着中国产业结构的调整和经济转型给予积极帮助和支持，如对传统产业中高新技术的应用和技术改造投资可以考虑固定资产含税的抵退；高新技术企业的税收优惠；新兴企业和服务行业的税收扶持等。应用税收经济杠杆，积极地引导和推动中国经济的产业升级和经济转型，促进中国经济持续、稳定和健康地发展。

六、税务风险和税务遵从的概念差异与关联[①]

做好企业涉税问题健康指标体系专业化分类的工作，首先应解读当前税源管理两个重点工作内容"税务遵从"和"税务风险"的概念和差异。

（一）税务遵从

遵从，是指遵照并依从传统习俗、礼仪，或正式、官方的规

---

① "税务风险和税务遵从的概念差异与关联"，《税收研究资料》，2011年第4期。

定。英文动词的表达词汇有：defer to、follow、listen to、comply with；英文名词的表达词汇为 compliance。其词义是指人们对传统习俗、礼教或官方规定的顺从或服从。这一基本词义在一些历史名人的文章中也有充分的印证：宋晓莹《罗湖野录》卷二："〔雁山能仁元禅师〕及其遁迹，神亦遵从，以至应缘"；沈从文《从文自传·我所生长的地方》："一切事保持一种淳朴习惯，遵从古礼"；老舍《四世同堂》七："即使白巡长的话不能完全叫他心平气和，他也勉强的遵从"。

税务遵从（Tax Compliance），则是指涉税事项处理的行为过程和结果遵照和服从正式或官方规定。正确地理解税务遵从的概念，应包含征纳双方的遵从问题，而不是单指纳税人的遵从。因此，在应用中应区分或强调是纳税人税务遵从问题还是征收人执法的遵从问题。如果只强调提高纳税人的遵从度，而忽视税务执法的遵从问题，在管理中就属于偏执行为。

（二）税务风险

风险（Risk），是指某一特定危险情况发生的可能性和后果的组合。广义的风险概念，强调风险表现为不确定性，说明风险产生的结果可能带来损失、获利或是无损失也无获利；狭义的风险概念，强调风险表现为损失的不确定性，说明风险只能表现出损失，没有从风险中获利的可能性。

税务风险（Tax Risk），是指导致税务遵从不确定性及其损失影响因素的组合。正确理解税务风险，也有两个方面的含义，是指征纳双方都可能产生风险。所以在应用中也要区分或强调是纳税人税务风险问题还是征收人执法风险问题。工作中只强调加强企业内控、防范税务风险，也是一种偏执的管理行为。

（三）差异与关联

从上述遵从和风险的概念解读可知，遵从是主观意愿和行为结果，风险则是行为过程的复杂性和不确定性导致遵从与否的可能性和不确定性。两者不是一个等同的概念，差异体现于遵从是主观意愿和客观结果的表现，而风险则是指何种结果产生的不确定性。由此可知，遵从关注的是主观意愿实现的情况，风险关注的是造成不同结果产生的过程和影响因素。两者之间存在一种因果关系。

这种因果关联关系，在工作应用中表现为：当结果表现为不遵从，一定预示着潜在风险因素的客观存在，以此可一票否决企业风险内控机制的健全完善性。但风险内控机制的不健全，或有某些风险因素的存在，结果未必表现为不遵从。这就是风险表现为不确定性的特点。

涉税健康指标体系

社会进步，要求企业在从事生产经营的同时承担相应的社会责任，其重要内容之一就是税务遵从责任。借鉴人体健康理念，围绕企业税务遵从的社会责任问题，很多内容就是企业涉税健康问题。税收征管要关心企业的涉税健康以及由此产生的税务风险。如何就涉税问题对企业进行体检，是一个新兴课题，本文①就如何建立企业涉税健康指标体系，从企业组织机能、运营系统、企业文化等主要方面提出了主体框架、指标采集途径及测评技术方法。

---

① "论企业涉税健康指标体系的理论框架"一文刊发在《税务研究》，2011年第5期，后将此文进一步完善后编入了《微观税收分析指标体系》一书。本文截取书中一章介绍思路框架。

一、企业健康与税务风险

(一) 观点与发展

早期的企业管理,决定企业存亡与发展的研究主要集中在产品生产条件和市场定位,好的产品和高效的生产力决定了企业的存亡与发展。随着社会的进步与发展,企业管理逐渐引进组织行为管理和企业文化管理,企业健康与否的评价内容也逐渐丰富和拓展。

弗雷德蒙德·马利克(Fredmund Malik),管理学界的权威人士,欧洲最有影响的商业思想家之一。马利克提出,企业健康与否的标志体现在六个方面,即:市场地位、创新业绩、生产力、人才吸引力、财力和盈利能力。

沃尔财务状况综合评价模型,用十项财务指标(见表3-1)来评价企业盈利能力、营运能力、偿债能力和发展能力,从这四个方面反映企业健康水平。

表3-1　　　　沃尔财务状况综合评价表

指标名称	财务比率
一、盈利能力	1. 净资产收益率
	2. 总资产收益率
	3. 成本费用率
	4. 利润率
二、营运能力	5. 总资产周转率
	6. 流动资产周转率

续表

指标名称	财务比率
三、偿债能力	7. 资产负债率
	8. 所有者权益比率
四、发展能力	9. 营业收入增长率
	10. 净资本积累率

龙大海教授（东北财经大学）以人体健康为类比提出，企业健康的核心指标有六项，即：优势产品线（或行业）、扁平化高效组织、持续的人力资源结构、优异的成本链管理、能促使企业创新发展的企业文化和基于自身能力范围的企业行为。

白晓松教授（南昌航空工业学院）以产业集群中虚拟企业为研究对象，提出了从活力度、收益性、安全性、生产性和成长性等五个方面检测企业健康问题。

张晓玲、王文平（东南大学）在知识型企业健康指标的研究中，从企业机理、心理和行为三个方面探索建立企业健康指标体系。

于新宇、张铁男、史竹青和楼瑜（哈尔滨工程大学）在创新型企业健康指标体系研究中，在生产能力、财务状况、组织结构和企业文化等指标的基础上，又提出了企业成长和创新的健康指标内容。

其他文献还散见一些观点，如合理的扁平化、组织使命、沟通型组织结构、人力资源结构、优秀成本链等。

（二）企业健康共识

总结不同发展时期、不同企业类型和不同管理权威的观点，以及现代优秀企业成长发展的特点，可以看出现代社会反映企业健康与否的内容包括四个方面：组织机能、生产运营系统、财务资产系统与企业文化。其中：组织机能涉及组织机构、制度、人员组合和素质；生产运营系统包括盈利产品和社会产品链关系、确保产品组合的最大盈利能力、资源综合利用能力、不变成本摊销能力和产品供求链的战略合作关系；财务资产系统是现代企业创业和发展能力的重要体现，包括资金周转、融资和资产关联关系，确保生产经营各个环节和领域都有足够的资金支持；企业文化包括企业社会责任定位、内部员工的亲和力、进取环境和创新能力等，体现企业的活力。

（三）企业健康与税务风险

对企业健康标准的认识，都是基于企业自身的生产组织管理学说来研究，没有考虑任何税收因素。如果掺入当代社会责任要求的税务风险因素来考量，任何没有税收风险防范机制的企业都存在免疫系统的缺陷，任何有税务污点的企业都是不健康的企业，并且可能由此不良的社会信誉导致企业的破产或衰亡。即：涉税问题的不健康，对企业来说可能是致命的病态。由此，企业在成长发展过程中，必须考虑税收风险防范问题，逐步建立健全税收风险防范内控机制。因此，税务管理工作为适应企业税务风险防范工作的要求，也需要研究企业涉税健康的体检管理内容。

二、建立企业涉税健康指标的考虑因素

建立涉税风险企业健康指标，融入涉税风险因素，企业健康指标的内容应考虑的因素有以下几个方面：

（一）组织机能

反映企业组织机能健康与否的主要内容包括机构设置、组织

结构、制度建设、人员素质以及运行效果。将这五个方面与税务工作联系起来，考虑涉税因素的健康问题应包括：是否设置税务管理机构、税务人员对关联企业的影响能力、税务参与决策关系、税务管理制度、税务管理人员岗位、核算制度对税收影响以及涉税事项处理的成效。

（二）生产运营系统

生产运营系统，包括盈利产品和社会产品链关系，确保产品组合的最大盈利能力、资源综合利用能力、不变成本摊销能力和产品供求战略合作关系。围绕上述内容，考虑涉税因素的健康问题应包括：产品与项目的涉税关系、产品与项目设计的税收筹划问题、资源综合利用的税收优惠政策问题、产品上下供应链视同销售的涉税问题、产品出口退税问题、产品供求战略合作的转让定价问题等。

（三）财务资产系统

财务资产系统是现代企业创业和发展能力的重要体现，包括资金周转、融资和资产关联关系，确保生产经营各个环节和领域都有足够的资金支持。围绕这些内容，考虑涉税因素的健康问题应包括：资金收入与支出的缴税和扣税问题、盈利与税收关系、融资涉税问题、资产重组涉税问题、关联企业转移利润涉税问题。

（四）企业文化

企业文化包括企业社会责任定位、内部员工的亲和力、进取环境和创新能力等，体现企业的活力。围绕这些内容，考虑涉税因素的健康问题应包括：社会责任中纳税意识和税法遵从程度、税收知识的教育和培训、激励员工措施及福利的涉税问题、创新活动涉税问题的考虑。

(五) 税收经济关系

除企业生产组织管理内容外，关系涉税问题，企业健康必须考虑税收经济关系的内容，包括企业生产的涉税问题、企业融资的涉税问题、企业资产的涉税问题，相应地也会产生一些描述税收经济关系的指标，如静态的税收经济比例关系和动态的税收经济增长比例关系等。这些指标是否匹配，可直接预警企业涉税健康问题。

(六) 企业健康与企业涉税健康的差异

企业健康与企业涉税健康受涉税因素的限制，两者在内容上有所取舍或重叠。共同点，都是在描述企业健康问题；不同点，是一般意义上的健康和涉税问题的健康的差别。在检测指标方面，一些单纯描述企业健康的指标可能就不适用于企业涉税健康问题。同时，反映企业涉税健康问题又需要增加一些特殊指标，如涉税机构与制度的建设，以及涉税财务指标的好坏等。区别两者差异的特点就是指标的涉税性。在指标取舍上，可以遵循"两个凡是"的原则：凡是与税收没有联系的企业健康指标，不适用于企业涉税健康问题；凡是企业涉税健康指标，必须能从某个角度建立与税收的联系（图3-1）。

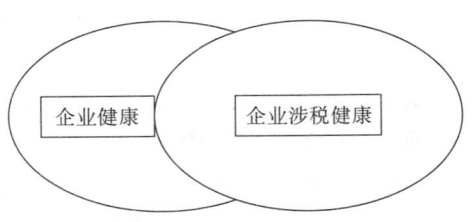

图3-1 企业健康指标交叉关系说明

三、企业涉税健康评价指标体系的原则与方法

考虑到现代企业涉税健康指标的特殊性和复杂性，在建立指标体系时，应遵循下列原则和方法。

（一）原则

建立企业涉税健康评价指标体系，应考虑三个方面的原则，即：涉税原则、量化原则和现实原则。

1. 涉税原则。所谓涉税原则，是指每一项指标都必须建立与税收问题的联系，或涉及税收政策，或涉及税收制度，或涉及税收金额。总之，必须从某一个角度建立指标与税收的联系，确立两者之间存在相互影响。没有税收问题联系的指标，不会影响税收工作的指标，都不能反映涉税健康问题，这里均不采用，坚决杜绝指标的简单堆砌。

2. 量化原则。所谓量化原则，是指反映企业涉税健康问题的指标都要求可以量化，便于评价检测，便于开展量化分析工作。这要求，说明企业健康与否，不能只停留在文字描述上，应找到贴切的关系指标，从量化角度反映企业健康问题的程度。

3. 现实原则。现实原则，也称可取性原则，是指企业涉税健康指标可以方便地从企业或征管系统中取得。实现可取原则，一般要遵从四个制度，即税收制度、会计制度、统计制度和企业管理制度。这四项制度没有规定的内容，在现实中很难取得相应的指标。所以在制定指标时，要充分了解制度内容，做到设计指标方便可取，而不要堆砌一些现实中没有的指标。

（二）思路

明确了现代企业涉税健康指标体系的内容和原则，在构建体系的具体工作中要注意的就是正确的思路和方法。总结建立指标体系的一般规律，可归纳为定性和定量两个方面的思路：一是定性搜索事项指标；二是定量明确分析方法。

1. 定性搜索事项指标。所谓定性搜索事项指标，是指在研究领域内对各项工作的整理、罗列和甄别，剔除无关事项内容，保留涉税事项内容。

2. 定量明确分析方法。所谓定量明确分析方法，是指对整理、罗列出的涉税事项，逐一找出贴切的、可量化的描述指标，以此对事项的性质、状况或程度予以客观反映。

（三）途径与方法

现代企业涉税健康指标内容丰富，构成复杂，特别再有量化的要求，在设计指标体系时，就不得不考虑指标取得的途径和整理的技术方法。综合已有指标的形成规律，主要有以下几种途径和方法：

1. 基础指标。基础指标，是指在企业运营过程中可以在会计和统计核算中账、表、证、单等资料中直接取得，反映企业某方面健康特征的量化指标。由于这些指标可以从企业现成的财务核算、统计资料或申报资料中直接取得，故称为基础数据指标。

2. 加工指标。加工指标，是指通过若干指标的相关关系，反映企业某方面健康特征而加工整理形成的数据指标。

3. 指数的应用。指数是加工指标的一种特例，通过把一些复杂的定性问题或综合问题以数字的形式表现，反映事物的不同方面或程度。常用指数有以下几种情况：

（1）0－1指数，是用0或1两个数码分别代表事物不同性质的两个方面，为后续工作应对策略或关联分析提供数据支持。

（2）程度指数，是用一组自然数码分别代表同一事项不同程度等级，以引导后续的关联分析和应对策略。

（3）综合指数，是对多项不同性质数据指标通过数据加工处理形成一个综合数值，用于反映综合状况。

4. 相对数的应用。对于涉密数据或相对位置评价即可满足工作要求的情况，可以用相对数的方法反映量化情况。

四、指标的应用

现代企业涉税健康指标体系，在税收管理工作中除了客观反映企业涉税健康状况，还可以在管理与服务中提供以下数据支持：

（一）确定税收管理组织形式

现代企业涉税健康指标体系，要求对企业集团的组织机能进行客观反映，具体指标包括企业的总分关系、母子关系和核算的集中度要求。通过对这些指标的认识，可以为税收收入的管理组织形式和税源监控内容提供决策依据。

（二）提供风险评估数据支持

通过现代企业涉税健康指标体系中组织机能、生产运营系统和财务资产系统的认识，可以提示企业风险点所在和风险程度，为开展系统性企业税务风险管理提供数据支持。

（三）提供纳税评估数据支持

通过现代企业涉税健康指标体系中组织机能、生产运营系统和财务资产系统的认识,可以客观地反映企业的生产规模、运行状态和税源质量的好坏,应用数理推断方法可以为企业纳税评估提供数据支持和参数依据。

五、企业涉税健康评价指标体系

(一)结构框架

根据前述对企业健康达成共识的四个方面及税收经济关系分析的需求,现代企业涉税健康指标的框架应该包括以下五个方面:企业组织机能状况、企业生产运营状况、企业财务资产状况、企业文化和企业税收经济关系。各方面的指标构成详见图3-2。

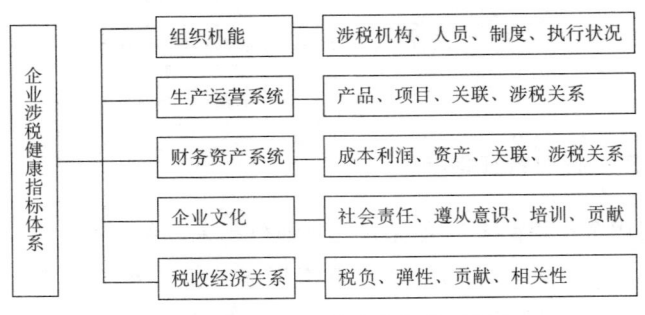

图3-2 企业涉税健康指标体系框架

(二)投资项目指标

投资作为现代企业经营战略的一个重要内容,其涉税健康问题也是企业涉税健康评价需要高度重视的内容。可以从投资性质和投资项目管理流程两个方面考虑涉税健康指标体系的建立。投资性质可分为直接投资和间接投资。投资项目管理流程包括立项、合同、实施、验收和评价等环节。围绕上述环节考虑的涉税健康指标内容详见图 3-3。

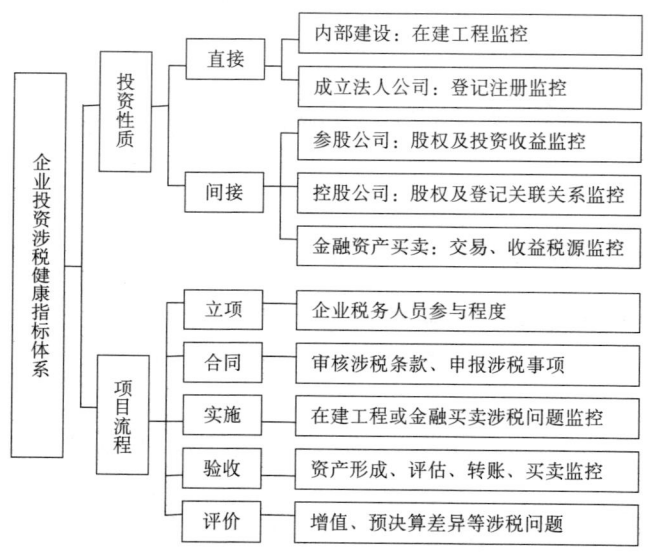

图 3-3 投资涉税健康指标体系框架

（三）行业特征指标

现代企业特点之一表现为行业划分越来越细，行业成本构成特色和增值空间差异都是税收负担形成的重要影响因素。因此，评价企业税收经济关系，不可避免地会参考行业特征指标。所以说，行业特征指标也是企业涉税健康指标的一个重要组成部分。由于企业会计制度的统一性，行业特征指标不可能简单地在财务指标中产生。行业特征指标必须具备两个要素：一是反映行业特征的唯一性，其他行业不会有相同的指标；二是衡量标准产生的样本代表性，个别企业的实际情况不能作为普适性标准照搬衡量行业内其他企业。测算标准，要按统计学要求，根据一定规模的样本量测算产生。

大数据与税制改革

一、大数据时代深化税收改革的系列思考[①]

(一) 大数据时代税务风险的探讨

风险,事件发生的不确定性对预期目标的影响。事件的发生、不发生或怎样发生必然受客观环境变化的影响,那么社会进步与发展所表现出来的时代特征也就直接影响不同时期风险的内容和类型。纵观税务系统现行的风险管理指导思想和工作内容,似乎依然停留在传统

[①] "大数据时代深化税收改革的系列思考",入选《中国税务学会2015年适应新常态下税收改革研究论文集》,中国税务出版社2016年版。之后,修改刊发在《财政经济评论》,2016年上卷。

的风险管理模式下就现行征管模式下的征管事项谈防范，深感现行税制和征管落后于大数据时代的要求，有必要探讨一下大数据时代的税务风险管理。

1. 经济转型对客观环境的影响

税务风险的焦点是否在变，先看经济转型对税务客观环境的影响。

大数据时代的"互联网＋"新经济模式带来了数字经济和经济全球化发展，由此将带来人类经济社会活动乃至经济运行模式的颠覆性改变：首先，经济效率的推进驱动由传统的"专业化分工式"转变为"市场资源网络高效整合"来实现；其次，市场价格机制由传统的规模效益定价模式转变为个性需求以市场价格快速反应实现，并有效避免供过于求；再次，个性的需求定制，影响了企业规模趋小甚至个体化，并影响到企业内部管理模式都需要重新设计。这种颠覆性的革命是对传统市场机制的根本变革[1]。

这种颠覆性的革命对税制会有以下影响：

第一，纳税主体随市场主体的多变性而呈现复杂化和难以控制。信息技术快速发展，不仅影响了商品买卖，而且市场主体随时在重组和兼并，并涉及跨国重组。纳税人随时在变化，对税务管理难度和复杂性大大增加。

第二，"互联网＋"传统产业相融合，经营模式复杂化，税源难以分割。新业态改变了完全有形商品的生产和销售模式，经济活动的复杂化和经营形式的多样化使得税务机关对税基的控制难度加大。

第三，常设机构和固定营业场所的关系变得模糊不清，税权

---

[1] 根据倪红日老师2015年在中财大税法论坛发言整理。

划分复杂化。尤其是非居民可以不在境外设立常设机构或固定营业场所，而可以通过其设在居住国的门户网站或第三方电子商务平台，直接向境外个人客户销售货物或提供劳务。这样的经营活动，使得税源的发生地变得模糊不清。

第四，税源与价值创造的分离，利润归属难辨。尤其是国际贸易和国际经营活动利润归属问题。

所以，数据经济和全球化经济都会给税收管理带来前所未有的挑战。

2. 大数据时代的机遇与挑战

（1）信息管税，信息在哪里？大数据时代的进步，给税务管理以信息管税带来了前所未有的机遇：现成的网络资源和真实的数据基础。"信息管税"，内涵要求是管住信息，没有信息谈何信息管税。大数据时代的形成，优势显见于2009年左右，扎实的基础成就于2013年，根据相关统计，这一时期的数字存储信息已达到93%的水平。除非涉税信息全部落脚于这93%之外，如果非也，涉税信息即全部数字化了，而产生这些涉税信息的网络资源已经扎实地根植于社会经济生活的各个方面。

（2）信息管税，何以管信息？大数据时代的进步，给税务管理以信息管税带来的挑战也是前所未有的：理论上客观存在的这些涉税信息，税务系统是既看不着，也摸不着。面对这突变发展的大数据时代，由于落后的税务征管信息系统背离大数据时代互通的特征与现实应用的网络资源脱节，所以征管系统现存的数据就不可能做到完整、真实、准确。而由于不重视文明、进步社会管理的基本理念，至今尚未开展税源信息标准化的基础工作，致使社会税源信息五花八门，其产生只能将就各市场主体自身业务推进的需要，不能满足税源信息采集的需要，进入大数据时代就如何采集和掌握现实税源信息成了信息管理最大的难题。

信息管税，管不住信息，是税收管理的最大风险。管不住信息，何以管税？！

3. 数字经济时代税收风险的分析

基于上述大数据时代导致经济转型带来的机遇与挑战分析，税收管理可在宏观、中观和微观三个层面探讨税务风险。

首先在宏观层面，新经济时代，什么是税源，税源在哪里，找不到税源，是税务管理工作最大的风险。讨论经济发展方式转变下的税务风险，首先是要考虑，转变后的主要经济形式和内容，也即税源是什么？税源在哪里？现行税制与经济发展方式转变后的主体经济内容是否相适应。大数据时代影响下的数字经济，商业领域的一个点子可能在瞬间完成交易或聚财成百上千亿。如："双11光棍节"购物，一天成交912亿元，春节微信发红包321亿次将沉淀几百或上千亿元的资金。诸如支付宝、余额宝、招财宝、微信红包、节目摇奖，免费赠送物品、礼品、交换广告服务，流通信息流、比特币、积分互换、兑奖，混营农村电商还算不算农业等，这一系列数字经济形态流行的经济方式和内容，经营过程中占用了哪些资源？有没有合同？有没有登记？18个税种涉及哪个税种？谁要过发票？谁交了什么税？国、地税谁去管？该归谁管？

传统的以产业分类为基础的经济结构，由产业划分行业再细分为经济单元，即相应的企业，以专业化分工的方式促进生产效率，推进经济和社会的发展，这一时期的网络仅仅是促进效率的手段和工具。进入以大数据为特征的数字经济时代，经济基础是网络资源，所有的商务活动和社会交互活动都根植于基础网络资源，在此基础上发展个性、互融、混营并存，再分不出什么行业、产业、经营主体。如图4-1所示。在这种新经济模式下，传统税制再找不着适用税率的行业、纳税主体、相应的税基，甚至再见不着现金，理不出相关的结算关系。新经济模式向传统的税制提出挑战，税源在哪里？在传统税制下找不着税源，是当前税务管理面临的最大风险，是构建现代财税制度的关键。

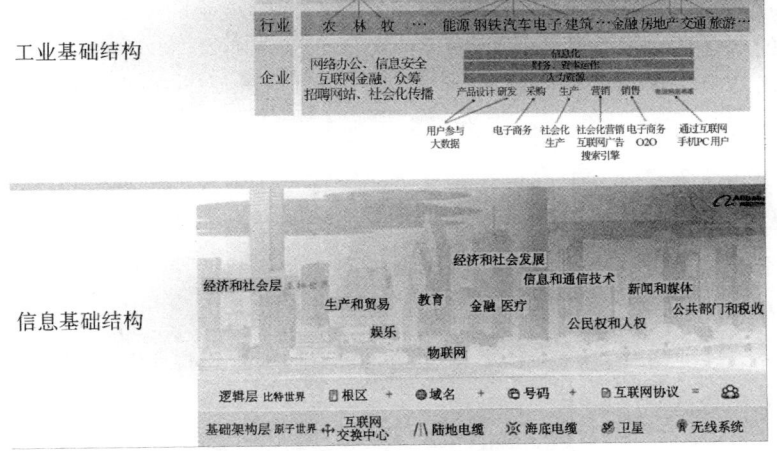

图4-1 经济基础结构对比图①

其次，从征管工作看，找不到税收实现的环节和利益主体，如何核定适用税率、纳税人划分标准、优惠适用关系和税赋承担主体等法律关系？相关的税法体系、征管制度和手段与信息革命导致的经济方式转变不匹配，是当前征管工作面临的最大风险。

4. 防范风险深化税收改革的思考

大数据时代的税务风险，是传统税制与新经济基础不相适应的风险，是落后的征管制度和手段与第二次信息革命不相匹配的风险，是基础管理理念和工作内容落后于社会文明与进步的风险，而决非某些纳税人偷逃税这样的个案风险！

---

① 经济基础结构对比图由阿里研究院提供。

大数据时代防范税务风险的基本路径，应从顶层设计优化税制、中层规范法律关系和底层采用先进的技术手段并举，方能统筹实现。

　　（1）顶层：优化税制。传统的经济内容可由生产、流通、分配、消费四个环节明确地划分，并作为税制建设考虑税源环节的基础依据。历史上，根据主要经济基础的变革，人们征收过农田税、工商税，甚至人头税。我国现行税制突显生产和流通环节征税，再向分配、消费环节转嫁，形成复杂的重复征税体系，以确保财政收入，但税负计算复杂，征管程序烦琐。经济发达国家税制设计偏重分配和消费环节，体现价值实现后的分配和消费关系，遵从税收经济原理，同时也避免重复征税，更显税制简洁，方便征管。

　　按照马克思的价值学说：劳动创造价值。由此推出的商品和服务的价值是由生产、流通转移价值和劳动创造价值两个部分组成。税收作为新创造价值的组成部分参与国民收入分配才是其经济内容的本质，所以税款也应在交换实现价值的环节，伴随着消费支出和取得收入的同时实现国民收入的及时分配，并由此产生两个税系即所得税和消费税。生产和流通环节的经济功能主要是价值转移，这两个环节不宜征税，主要有几个方面的原因：①对转移价值征税，要求剥离价值，必然导致生产规模萎缩；②维持原有规模只能征价外税，税负最终转嫁给消费者，税制复杂也带来征管复杂和偷逃税等一系列的问题；③生产、流通环节不征税，才能最大程度地解放生产力，促进供给侧改革。如图4-2。

　　从经济内容的复杂性考虑，虽然新经济模式下存在行业混营、经济主体不明、产品与服务轮廓不清的一系列问题，但人的基本因素是不变的，其生活、娱乐、社交活动消费是必须的，由此决定在复杂的新经济模式下管住税源要以人为本，顶层税制设

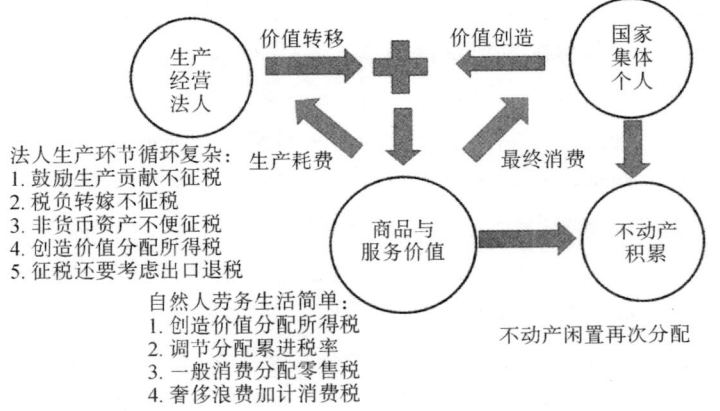

图 4-2

计要从人们取得的收入和消费作文章，确立所得和消费两大税系，实现国民收入分配。

过去以生产流通环节为征税基础，是基于当时技术手段和管理措施管不住自然人及其手中的现金。目前，一照一码与账户的对应关系及先进的网络技术手段，以人为本管住现金已不再是难点。所以，从管理措施和技术手段看，税制建设侧重分配和消费伴生的交易环节，已不再是什么难题。

（2）中层：健全法律制度明确责任与义务法律关系。新经济时代，税务机关不应再将自己定义为收税机关，而要作为管理机构发挥政府效用。纳税人的纳税义务是由宪法规定的，税务部门不应将纳税人的责任、义务和风险通过所谓的《征管法》又转嫁回税务部门。《征管法》规定的上百种征管事项，原本在相关的税法或条例中已经明确为纳税人的责任与义务，但由于"征管"责任淡化了"缴纳"义务，从此税务部门背上了责任，伴随执法风险于自身。比如，增值税条例明确从事生产与销售商品和劳务负有纳税义务，结果发票管理相关规定的出台，让纳税人误解为必须伴随发票这样的第二条件才要纳税，形成了现在有票才有税和"要发票么"这样普遍的奇怪现象。问题是自我封闭的发票管理系统脱离了现实的交易系统，如何能管住税？

在大数据时代新经济环境下税制简化为所得和消费两大税系，法律制度要以"人"为本紧紧地管住消费支出和同时取得收入环节的资金信息流，明确相关的涉税法律责任与义务关系，完成国民收入分配的扣缴任务，对每一笔交易通过价税分离原则直接扣缴入库。也就是说，有没有发票，纳税人都负有纳税义务，都要在价值实现的交易环节、伴随着消费支出和收入取得的同时完成国民收入分配扣缴税款。至于任何税收优惠政策，都将在年终汇算清税时通过大数据分析及纳税人申报考虑是否给予相关的退税。

法律保障，要明确"互联网+"税务能将税款扣缴工作加到所有的交易平台和现实网络支付体系中，明确相关扣缴义务人的责任，违法必究。

（3）底层：先进技术手段是基础。进入"互联网+"时代，互联网不仅是新经济的驱动力，实际上已经发展成为经济基础的主要资源和要素。这时期的网络技术，是不用政府操心的，其发展始终将站在客户需求的基础上，永远走在技术尖端。税务管理如果不走"互联网+税务"路线，不将税务工作融于现成的网络资源，而是走自我为主开发"税务+互联网"的老路，税收工作就永远融入不到现实的经济环境中，"税务+互联网"也将永远落后于"互联网+税务"技术的发展，难以完成税收管理工作。

风险，事件发生的不确定性对预期目标的影响。谈税务风险，必须认识大数据时代新经济环境对实现税收目标的影响。

"十三五"规划财税体制改革的目标：稳定税负，优化税制。传统税制在大数据推进下的新经济时代变革中找不着纳税主体、摸不清税源关系，是当前最大的税收风险，何谈稳定税负？必须优化税制、简化征管、提升效率、以现代化税收制度确保合理的税收经济关系，才能有效地促进新经济着实发展。

（二）以资金信息流为控制链条简化税制

中共中央政治局 2014 年 6 月 30 日召开会议，审议通过了《深化财税体制改革总体方案》，要求新一轮财税体制改革 2016 年基本完成重点工作和任务，2020 年基本建立现代财政制度。现阶段，我国税制存在 18 个税种，如何消除重复计征、多环节征收，实现简并优化，减轻企业负担，促进经济发展，成为经济新常态下税制改革的头等大事。结合当前全球税制建设中"简税制、宽税基、轻税负"的发展趋势以及大数据时代赐予的便利征管条件，笔者以为现代税制当以控制信息反映的现金流构建简化税制的基本框架。

1. 简化税种设置的必要性

（1）现行税制复杂、亟待简并。目前我国征收的 18 个税种，税种繁杂，归类不清，税收要素叠加重复，存在明显的交叉征税、重复征税、多环节征税，以致税收核算与会计核算存在较大差异，税收政策自相矛盾，涉税信息无从归类，税务风险比比皆是，为税收征管一线增添了无穷的麻烦。整理归纳这 18 个税种，其实不外乎对社会财富的流转和占有征税，但税制设计得如此复杂，伴随"以票控税"的落后制度，进一步形成了巨大的人力、财力浪费，而且即使如此仍然不可能管理到位或实现有效的征管，存在巨大的税收流失。2014 年，我国社会消费品零售总额 262 394 亿元①，以此估算增值税约 4.4 万亿元，当年实际征收约 3 万亿元，税收流失近 1/3。

（2）以票管税观念落后、成本巨大②。前期税收征管中，仅金税卡及其相关软件，一户企业首年费用 1 823 元，以后每年 407 元。全国一般纳税人按 800 万户计算，税控器具首年费用近 150 亿元，每年服务费用 30 多亿元。从 2015 年 1 月开始，随着增值税发票管理系统升级覆盖全部增值税纳税人，按全国近 5 000 万户增值税小规模纳税人计算，每户首年购置税控盘的费用 1 050 元（升级后降至 490 元，不含购买专用电脑和打印机的成本），以后每年服务费 330 元。某公司购置一套税控系统：购买专用电脑和打印机 9 180 元，税控盘 490 元，年服务费 330 元，合计支出 9 800 元。以此户企业支出按全国 5 000 万户纳税人估算，则头一年初始投资需耗资近 4 900 亿元，以后每年还要承担 160 多亿元服务费用。此外，金税工程一期、二期以及 2015 年全面升级系统，全部投资有多大，最后也需要转嫁给纳税人承担。

投入如此巨大的发票管理系统，税收征管是不是就能到位了？2010 年国家审计署抽查发现，56 个中央部门已报销的 29 000 多张可疑发票中，有 5 170 张为虚假发票，列支金额高达 1.42 亿元，在对京沪高铁项目的审计中，有 5.2 亿元不合规定的发票入账结算；2013 年 5 月至 9 月，国家审计署对中投公司 2012 年度资产负债损益情况进行审计，其控股单位国泰基金使用假发票违规套现的情况被查出，自"2010 年以来，累计使用

---

① 国家统计局公布数据。
② 莫让纳税人再为"纸质发票"买单，2015 - 04 - 14，13：11，来源：中华网，华讯财经转发，http：// finance.591hx.com/article/2015 - 04 - 17/0000455471s.shtml。

假发票套取资金 4 330.04 万元,用于账外支付销售人员奖励,其中 2012 年发生 1 793.25 万元";2014 年上半年,各地税务、公安机关查处各类发票违法犯罪案件近 3 万起,查获非法发票 1 760 万份,抓获犯罪嫌疑人 2 126 人,查处违法企业 2.9 万户,查补收入 46.4 亿元。

复杂的税制配以落后的发票管理制度,构成了我国当前耗资巨大、漏洞巨大、税收流失无从估算的税收管理状态。简化优化税制,利用大数据时代赋予的现代信息手段实施科学的税收管理,成为当前税收治理现代化建设的头等大事。

(3)税制简并思路。整理我国目前的税制,18 个税种不外乎是对社会财富的流转、占有和特定经济行为征税,其中一般流转税①要占我国全部税收收入的 90% 以上。既然如此,何不在资金的流量过程中,以信息控制为手段,在财富流转和占有这两种国民经济必然存在的基本环节只征两道税:一是在财富流转环节预征消费税;二是在财富占有时点预征所得税。这种设计,既可简化税制方便征税,又可利用大数据时代的信息手段保证确实能征到税。这样,将 18 个税种中属于一般流转税的内容简并为 2 个税种,可以大大地减轻税制的复杂程度,随之带来的则是消除上述 18 个税种并存带来的一系列弊病。简并税制后,当基本税收能力基本满足当前财政需求时,有些传统设计只为增加财政收入的调控特别设置的行为税种,可以直接取消;针对为维护社会科学发展确实需要调控某些特定行为情况,在不缺财政能力的情况下,应以行政手段为主,不建议保留相关税种。

2. 税收能力估算

18 个税种简并为 2 个税种,首先要考虑的问题即保证财政

---

① 一般流转税是指一般公共预算中针对生产要素流量课税的税种。

能力。2014 年我国全年各项税收合计实现财政收入 10.38 万亿元。简化税制，是否依然能保证税收收入基数，就要从税收诸要素中确定税基总量，设计适当税率，估算税收总量，确保财政支出基本需求。

截至 2014 年的数据显示①，我国银行卡发行量为 49.36 亿张，相当于全国人均持有 3.64 张。2014 年全国共发生银行卡业务 595.73 亿笔，全年银行卡业务金额高达 449.9 万亿元。大数据时代，如果以现金信息流为控制链条对取得收入和消费行为的信息流控制预征税款，如以 3% 的税率计算，仅上述银行卡业务量即可达到 13.5 万亿元，超出 2014 年全年税收 3 万多亿元。如果再将各种票据转账支付、支付宝、微信等其他移动支付方式和第三方支付手段的业务量考虑在内，即使在很低税负的状态下，也足以实现当前复杂税制体系下的税收征收任务的要求。

3. 税务风险控制机理

推进资金信息流的控制措施，其意义不仅仅是为简化税制在征管方式上奠定先进的技术基础，也在防范税务风险方面有利于建立起有效的防控机制。其逻辑关系的基本思路：一是直接扣缴税款确保税款及时入库；二是杜绝现金流通，防范税收流失；三是通过年终汇算清缴，落实税收优惠政策，既防范日常利用优惠政策筹划逃税，又在汇算清缴工作中落实优惠政策促进公平，以税收公平促进自觉纳税遵从。

推进资金信息流的控制措施，要求必须做到涉税信息标准化。现实中，交易信息的内容因企业生产经营要求的不同而十分复杂，对此实施税源监控管理的基础性工作是对涉税信息标准

---

① 数据引自"开放银行卡清算市场意义深远"。2015 - 04 - 23，21：42：12，来源：上海商报，和讯网转发，http：//bank.hexun.com/2015 - 04 - 23/175251320.html。

化，包括其内容构成、技术格式等。从内容上看，应满足税收汇算清缴的要求，一笔交易信息必须包括买卖双方纳税人统一识别码信息、款项收付双方金融机构纳税人统一识别码信息、账户信息及开户人纳税人统一识别码信息。考虑到宏观财税体制涉及的税收收入在中央与地方的分配关系，还应包括款项收付金融机构所在地的行政地理信息。

目前，经济发达国家都是这么做的：针对消费行为，交易清单直接显示价税分离，伴随交易同时价税分别各自划入相关账户；针对取得收入，在收入环节由收入支付方作为扣缴义务人直接预扣缴所得税款；关于多缴税款，在年度终了，由纳税人根据相关税收政策提供资料申报退税，由税务主管部门进行年度汇算清退。

4. 简化管理意义

（1）税制要素关系理性回归。税收的基本职能是筹集政府财政收入。促成税收基本职能的实现，在税收管理中必须综合考虑税源、税制和税收征管三者之间的匹配关系。纵观历史发展的不同阶段，都是经济基础决定上层建筑，一定的税源条件，施以适当的税制，考虑征管能否实现，满足财政基本需求；相反，恰当的税制解放生产力，促进经济发展，带来更充足的税源。上述改革是基于现有经济发展到一定程度和征管条件发达到一定程度来设计的。在此基础上，适当简化税制既是满足当前财政基本需求的必然产物和迫切要求，又可以建立起税源、税制和征管密切的关联关系，很自然地做到税收要素关系有机结合，促成税收管理系统影响的理性回归。

（2）简化征管释放资源。目前不足70万人的税务人力资源要管近5 000万户纳税人及有收入能力的几亿自然人。上述18个税种的复杂税制、落后的征管制度和过时的征管模式，即使再增加几倍的税务人力资源也难以实现"应收尽收"这种超高级的管理要求。通过上述简化税制和简化征管改革，围绕现在增值税层层环节的抵扣关系将不复存在，各税种之间交叉征税、重复征税的困扰所带来的种种征管难度和税务风险也将随之消除。为此，可以解放出大量的征管资源和企业内部的税务管理资源，用于深化数据分析，加强风险管理，引导企业税务风险内控，促进纳税遵从，营造社会整体诚信环境。

（3）全面掌握信息有效实现严管。卡住收入和消费双向资金流信息，建立账户和身份关联监管，可以全面掌握每一个自然人或法人所有的账户、收入和消费信息，据以分析全社会收入、消费水平，判断个人或企业综合收入和支出内容，为方便所得税和消费税汇总关联清算，个人所得税综合分类税制提供完整信息基础，实现科学严谨的税收征管，堵塞征管漏洞，为全面建立公平诚信的社会环境奠定一个扎实的信息技术基础。

（4）降低税负解放生产力。通过上述简化税制和简化征管改革，纳税人一般流量税税负可以从现在的17%、25%大大地减低到3%以下，再分解到交易双方分别为收入和消费征税，则双方表面税负不足2%。这种日常交易的低税负设计，几乎所有的纳税人都能承受，将大大地降低纳税人逃税主观动机。同时，较低的税负，将为企业生产经营的运转提供更充分的资金，为产品生产降低成本，为产品出口提升优势，成为解放生产力最有效的措施，为在经济新常态下促进经济发展贡献实质性的推动力。

（5）发挥市场调节作用稳定税收经济关系。中国共产党的十八届三中全会强调要减少行政干预，充分发挥市场调节社会资源配置的主体作用。通过上述简化税制和简化征管的改革，将在降低税负、堵塞偷逃税和汇算清缴合理调节分配等一系列问题上体现税收公平原则，营造诚信社会氛围，促进市场调节资源的主导作用。同时，通过上述简化税制和简化征管的改革，将单一的流转税与资金信息流绑定在一起，税收与经济的关系始终处于一种稳定状态，不会随经济结构的变化而影响税收经济关系，从组织税收收入角度看，方便税收收入能力的估算和计划管理，并确保税收筹集财政收入职能的最大化实现。

（三）创新征管模式、简化征管内容

1. 现行征管状况

首先看现行征管模式[①]。翻开我国税收征管模式改革的历程，经历了两个阶段：

前一个阶段的建立是在1995年初，确立了"征、管、查三分离，重点稽查"的严加征管模式。在新的税收征管模式作用下，税收收入总量已从1997年的7 548亿元增长到2001年的15 157亿元，五年时间翻了一番，其中加强征管的贡献率每年均在500亿元左右，新税收征管模式为强化税收征管起到很好的指导作用。

随着2008年税收管理专业化工作和服务型政府管理理念的推进，我国的征管模式改进为"以纳税申报和优化服务为基础，以计算机网络为依托，集中服务，重点稽查，强化管理"。这种以申报为基础，以发票管理和重点稽查为主要控制手段的征管模式，给征管工作添加了巨大的工作量。"以广州国税申报数据采集为例，每月增值税、消费税指标210多个，每季所得税指标30多个、年度汇算清缴指标150多个，税务登记信息130多项，

---

① 税收征收管理模式，百度百科，http://baike.baidu.com/view/1257904.htm。

各类查询监控功能 400 多个"①。这只涉及 3 个税种,而我国税制现行 18 个税种,再包括出口退税、各种政策审批,近 70 万的税务干部面对近 5 000 万户的纳税人,工作只能是疲于应对。

这种脱离生产经营实践的申报,只能是拼凑的应付性申报和虚假申报,其申报的内容已经没有可供参考的依据,所以每年有企业所得税贡献的纳税人在税务登记群体中可以说是微不足道。

其次,以票管税观念落后成本巨大②。

2. 创新征管模式

大数据时代,一个明显的特征是各种信息数据化。有数据统计,2000 年时,数字存储信息只占全球数据量的 1/4,另外 3/4 的信息都存储在报纸、胶片、黑胶唱片和盒式磁带等媒介。到了 2007 年,数字信息占比已经达到了 93%。特别是在大数据时代的今天,企业生产经营及其交易行为,从财务管理、生产管理到交易过程已经可以做到完全数据化了。这时的管理模式应该充分利用信息手段,在简化税制的基础上做到:交易发生时税款实现同时实施分配,价税分离直接入库,年终汇总清算税款。

(1) 交易发生时分配税金。交易过程中直接实现税金在国家、集体、个人三者之间的分配,是在税制简化的基础上才可行的,即上述简并税制思路所提及将 18 个税种简并为 2 个税种,并由数字网络金融信息系统的全力配合。同时,"一照一码"制度,使得不论是自然人或法人,通过金融机构或第三方支付平台发生交易结算行为时,交易双方将由收付结算机构在识别唯一、统一纳税人代码异同的基础上分别扣缴所得税和消费税,并直接

---

① 税源专业化管理问题探讨——兼谈税收征管新模式,林晓,http://login.gd-n-tax.gov.cn/show.aspx?id=2684&cid=32

② 详见思考之二简化税制必要性中文字。

通过电子结算系统实施价税分离措施，将税款直接划入国库，做到伴随交易行为发生税款实时入库。如果款项结转属同一身份不同账户行为，属于财富所有人自己财富在不同账户的相关划转，无需扣缴相关税金；款项结转属不同身份不同账户行为，必然伴随双方收入和消费并行的状况，拟对双方同时扣缴相关税金。对于非交易行为，在提供资料基础上，在汇总清算环节申报退税。

（2）现金管理。通过金融机构或第三方支付机构在交易环节预扣税款，将会导致更多的人想通过现金交易逃避纳税。对此的管理措施，将是在取现和存款时都将伴随税款的扣缴发生。取现会有哪些用途？不外乎消费、转赠、还款等等，其背后终将体现为某种货币耗用行为——消费。这些行为，在传统管理中都可能涉及不同的税种，这里可统统简并为视同消费，在取现时预扣消费税。如此，取现消费和转账消费都扣税，现实生活中取现消费的比例和现金交易行为将会大大减少。为避免取现确有不属于消费的情况，可以在年终提供相关凭证申报退税。另一方面，为防止洗钱或发放现金支付报酬逃税，对开设账户存入现金的行为视为取得收入，直接扣缴所得税。针对现实中社会存在部分现金的情况，税改前实施一过渡期，让民众妥善处理好手头现金，过期存入银行，将视为新取得收入扣缴所得税。

（3）年度汇总清算。税收征管卡住收入和消费两个环节，同时取现和存款都要预扣税款，可以说做到不留缝隙严加征管，但在预扣税款中可能会包含非交易行为或所得税政策允许扣除的内容。对此，将在汇算清缴环节中予以解决。

针对非交易行为，如借贷关系中的本金，可识别双方统一税号和账号的基础上自动清算退税，由此发生的利息收入和支出则相应扣税。

不论是自然人或法人，在收入和消费环节预扣缴相关税款，都将存在所得税政策允许扣除的精准计算问题。特别是针对个人所得税综合分类税制建设的要求,通过收入和消费环节对同一身份、不同账户税款的预扣,可以了解掌握个人的全部收入和消费内容,据此扣除政策允许的内容,精算计税所得,确保退税准确。

同样,对于法人单位,在取得收入和购进支出环节预扣缴相关税款,也存在剥离政策允许的免税收入、成本费用和购进资产的区别,对此都将在年度汇算清缴时统一厘清解决,同时将预扣成本费用中的税款直接抵顶法人所得税税款,简化征收并消除重复征税问题。改申报缴税为汇总清算,由于存在退税问题,纳税人主动要求汇总清算的意愿将更强,更容易促进纳税人自觉遵从,减少税收流失风险。

3. 简化税收征管改革路径

随着征管模式的改革,税收征管的内容也将大大缩减,简化税收征管改革路径,可以从以下四个方面考虑:

(1) 简化税制化解征管复杂性。简化税制是系统化解税收征管复杂性的前提条件,所以谈简化征管必先要求简化税制。前面提及我国目前的18个税种,存在大量的重复征税或交叉征税,细究其分类不外乎社会财富的流转、占有所形成的税收。按前述简并思路,将18个税种中属于一般流转税的内容简并为2个税种,可以大大地减轻税制的复杂程度,随之带来的则是消除上述18个税种并存带来的一系列弊病。

简化税制化解征管复杂性的另一个方面,就是不再在生产环节征收生产性税金。目前的征管模式,由于早期控制不住自然人理念的影响,很多税种的征收设计都是在生产环节征税。特别是增值税,为避免重复征税,在生产经营环节环环征税,层层抵扣,为此再设计不同的发票和纳税人分类,使税收征管工作异常复杂，申报工作量非常庞大，假发票虚抵税款形成了产业链，发票违法犯罪案例层出不穷。如果简化税制不在生产环节征税，上述一切由此产生的征管问题也将随之消失，而且可以减轻工业企业税负，解放生产力，促进经济新常态下经济发展。

（2）视存在必要性简化征管。国务院和国家税务总局系列发文，先后取消了13项（税总发〔2015〕45号）和19项（国发〔2015〕27号）税务行政审批事项。这些审批事项被取消，一个明显的特征就是在当前征管条件下没有再存在的必要。那么当前税收征管工作中，还有多少事项是没有存在必要，但是为了某种权力寻租而紧抓不放的呢？比如，税收管理中的一项基础性工作——税务登记。可以说，针对纳税人所有的税务管理工作都是从税务登记为起点开始的。现在既然工商、税务和组织形式注册登记已经三证合一了，为什么还要税务登记呢，税务登记还有没有必要呢？为什么税务管理工作不能共享工商登记的信息成果，还要自建一套数据库呢？从以往的征管数据和经济普查数据对比看，税务登记的纳税人户数小于和落后于工商登记信息，一直就存在千万户量级的差额，税务登记的意义何在？

纳税人的纳税义务是随着税法规定事项的发生同时产生的，并不是因为税务登记才产生的，即不论是否进行税务登记，纳税义务发生都应纳税。

随着"三证合一"工作的开展，如果还要进行税务登记，不能共享工商登记信息为我所用，那就说明"三证合一"只是形式。

（3）现代手段措施简化征管。随着征管模式的变革，社会上发生的每一笔交易信息均能实时地进入税收管理信息库，这时就应思考，法人或是自然人是否还需要进行税款申报缴纳？纳税人进行自主申报缴纳税款的行为，是在过去征管手段落后，无法掌握纳税人涉税相关信息的情况下，由征管法强加给纳税人的义务的，以便根据申报信息，汇算相关税款。现行税制有 18 个税种，纳税申报就成了当前税收征管的主要工作，尽管申报脱离实际，申报一堆垃圾数据，但在无法掌握纳税人真实信息的情况下，这种申报缴税制度也为过去的征管工作做出过巨大贡献。随着征管模式的变革，交易信息实时入库，计算机系统自动整理汇算相关内容，这时再让纳税申报就成为多余的浪费，可以考虑适时废除。

（4）减负理念倡导简化征管。同样的理由，随着征管模式的变革，交易信息实时入库，税收管理工作可以在掌握纳税人涉税相关信息的基础上，以票管税、纳税评估、重点稽查等工作都将成为没有必要的浪费，必将成为纳税人反感的累赘。因此，在大数据时代，真正地减轻纳税人负担，就要相应地废除以票管税、纳税评估和重点稽查等落后的管理理念，以大数据时代征管模式推进税收管理现代化。

（四）信息管税

大数据时代赐予的便利征管条件，现代税制可控制信息反映的现金流构建简化税制的基本框架。能否实现这一目标，基础条件是征管手段的现代化，这也就决定了实现税收现代化的根本途径和手段是信息管税。

1. 信息管税——时代使命

2015 年 3 月 5 日全国人大十二届三次会议上，李克强总理在政府工作报告中首次提出"互联网＋"行动计划，标志着中国政府已经关注到大数据时代引领经济发展的主要途径——网络经济，提高政府工作效率的根本手段——网络行政。

大数据时代，数据信息呈爆炸性增长。2000 年，数字存储信息只占全球数据量的1/4，另外3/4的信息都存储在报纸、胶片、黑胶唱片和盒式磁带等媒介。但是到了2007年，在短短的7年里信息形成和存储模式发生了翻天覆地的变化，数字信息占比已经达到了93%。特别在经济领域，生产经营管理、商贸交易、财务核算、资金融通已基本可以用资金信息流充分反映。在这种信息社会环境中，一切背离信息管理的工作模式都显得落后可笑，未融入网络环境的任何领域都将被历史发展的潮流所淘汰。

大数据时代，必然也向税务工作提出了以"信息管税"还是以"发票管税"的讨论命题。面对大数据时代的机遇与挑战，如何承接时代赋予的使命，关系着税收治理体系和税收治理能力现代化建设的走向和命运！

2. 信息管税的内涵

随着党的十八届三中全会提出国家治理体系和治理能力现代化建设的要求，税务系统也在迎头赶上，并提出了"信息管税"的口号指导税收管理工作。但纵观税务系统信息化推进工作的内容来看，决策层尚未真正理解和认识信息管税的内涵要求。推进和落实信息管税思想，必须认识到这样一个基本要求：信息管税要先管信息！其基本内涵包括：信息管税要真实信息；信息管税要实时信息；信息管税要共享信息。

一方面，信息管税要先管信息。要想管住税，必须先掌握涉税信息，不掌握涉税信息，或者信息不对称，征纳双方只能是玩猫和老鼠的博弈游戏。目前，税务系统的信息管税概念，停留在试图在"大集中"征管信息的基础上，通过数据分析，建立风险管理机制，防堵税收流失漏洞，实现严加征管目标。但这一管理思想的基础是一个不牢靠的基础，是脱离了真实税源数据的基础，是一个追溯以往税收问题的管理模式，远远落后于信息管税的基本要求。信息管税，要求掌握的是真实的信息、实时的信息，并根据实时、真实的信息同时完成税收收入参与国民收入分配的任务，直接缴入国库，不再给征纳双方留有任何税收流失的风险空间和漏洞，也用不着麻烦事后追溯任何查补，从根上解决税务风险问题，扎实促进纳税遵从。

另一方面，信息管税势必废除"以票管税"。信息管税要求全面掌握每一笔实时、真实的交易信息。从发票管理系统看，是脱离真实交易另建的管理系统，如果商家交易不走发票管理系统，就得不到相关信息。即使使用发票管理系统，由于脱离商家交易系统，只能是通过其他输入方式形成交易结果的二手信息、重复信息。总结现有的发票管理系统，一方面是信息不全，另一方面是二手信息和重复信息，所以要问：这种重复建设的意义是什么呢？

3. 实现信息管税的改革路径

实现信息管税，从税收管理的业务流程来看必须紧紧抓住三个环节：一是纳税人基本情况信息，二是实时交易的真实信息，三是交易过程分离价税直接入库。

关于第一个环节纳税人的基本情况，随着简化政府审批程序的推进，目前组织形式注册代码登记、工商注册登记和税务注册登记已经实现形式上的合一，即已经能打印出"三证合一"的证书。但实际上，各部门围绕此工作仍然是各建各的数据库，形成了重复建设的巨大浪费。进一步推动此项工作的信息化建设，使之并成一个数据库实现全社会数据共享。其实现办法是一个数据库，由三个部门接续填充纳税人相关信息。从三个部门已有的数据库情况看，工商部门的现代化程度最好，已经可以供全社会查询注册单位的诚信情况。在这种情况下，税务部门完全没有必要再建自己的税务登记数据库了，只要接续工商登记数据库增加相关内容,便可实现全社会共享。

关于实时抓取交易的真实信息并伴随交易过程实现价税分离、税款入库,实际上就是将交易过程中产生的交易清单上的信息采集到税务部门的数据库,同时要求结算款项的部门将税款直接划入国库账户。由于交易清单信息已经由商家自己的信息系统实现,对此只要税务部门提出需要增加涉税信息要求,并将其标准化、法定化,可以直接利用商家的信息系统产生完整的涉税交易信息内容,并直接转接到税务部门的数据库。完成这一任务的前提条件是税务部门的数据库有开放型的接口,可以让商家的信息流输入到税务信息库并完成分类存储。其实,这样的数据接口也无需太多,只要向具有款项结算功能的金融机构开放即可,在款项收入和支付的过程中,伴随着税款的划拨采集相关的涉税交易信息。

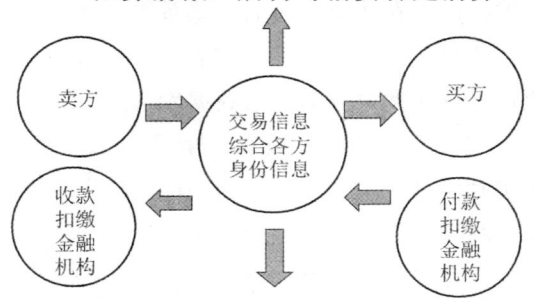

图4-3 信息管税实时信息采集关系图

4. 信息管税的基础工作

实现信息管税的上述改革,必须做好以下一些基础性管理工作。

（1）规范涉税信息范畴。目前我国现行税制有18个税种，每个税种都伴随有相应的申报内容，由于税种的重复、交叉、多环节征收关系，也必然导致涉税信息的重复申报，无从归类。信息管税，在优化简并税制的基础上，采集的是实时交易过程中的涉税信息，信息内容会大大缩减，但该有的信息必须有，从中反映交易过程中涉及税款的各种法律关系，并对此予以规范。从内容上看，应满足税收汇算清缴的要求，一笔交易信息必须包括买卖双方纳税人统一识别码信息、款项收付双方金融机构纳税人统一识别码信息、账户信息及开户人纳税人统一识别码信息。考虑到宏观财税体制涉及的税收收入在中央与地方的分配关系，还应包括款项收付金融机构所在地的行政地理信息。

（2）涉税信息标准化。在规范涉税信息范畴的基础上，需要对涉税信息进一步标准化，包括具体信息条目的概念定义、技术术语含义、信息字节格式、信息排列布局及编码格式转换等。只有统一标准，商家在建设自己的信息系统时才能将税务信息管理的标准植入信息系统，也才能实现征纳双方信息系统的对接，方便将涉税信息传输到税务部门的数据库。

（3）信息管税法治化。实现信息管税，采集收入和消费交易过程中的实时信息，必须在相关的法律文件中明确涉税信息关系人的法律关系和义务责任，做到依法治税。在法律文件的约束规范下，涉税信息关系人在建立自己的信息系统时就必须履行相关的义务，按照涉税信息的标准要求设计布局，并按照法律规定要求将信息传输给税务部门的数据库。传送信息不符合涉税信息标准要求，或传送任何虚假信息都属违法行为，都必将受到依法处置。同时，有货币收付功能的金融机构必须到税务部门备案，开通信息对接功能。未能实现信息对接的备案单位，不得营业从事货币收付结算服务业务。

二、数字经济时代电子发票的
法理关系及未来展望[①]

目前,电子发票是税收管理的一个热门话题,主要观点多集中于电子发票是发展方向,其依据主要是能降低征纳管理成本和提高效率,但角度只是基于纸制发票和电子发票的优劣比较。基于同样的理由,再增加一项以票管税实际上没管住税,数字经济时代税源特征的转变,拙以为电子发票也是过渡,最终的目标将是取消发票,信息管税。

(一) 发票作用史鉴

发票,最初的含义是发货票,其主要作用是交易双方的信用凭证,再发展成多联,更具备了收发货凭证、记账凭证的功能。进入计划经济时代,企业由国家所有,企业利润上缴国家,从监管企业财务的角度出发,企业记账凭证自然要由国家政府专管,出现了财政专用发票。由于国家计划管理,发票的信用功能这时已然不是第一位了。随着商品经济是社会主义发展初级阶段的提法进入经济领域,国有企业与民营企业作为市场主体的地位似要平等,推进了"利改税"的改革,国有企业由上缴利润改为向国家交纳企业所得税,在财政专用发票的基础上,国家为加强税收管理,又剥离出税收专用发票。随着增值税引入我国,以增值

[①] 2016年7月8日,在中国政法大学轮值主办的第二届"中国财税法治30人论坛"暨环保税立法和税收征管法修订专题研讨会就"数字经济时代电子发票的法理关系及未来展望"作主题发言,并入选论文集。

税专用发票进、销项税额各环节的抵扣关系监管来税收方式的操作，"以票管税"的思想占据了税源监控管理的主流。进入数字经济时代，发展网络发票、电子发票成为热门话题，主要考虑是对比纸制发票，电子发票更方便。

过去的多联发票，不仅是结算凭证，同时也是商家内部进销存管理和商家之间收、发、提货的相关凭证，集记账、牵制与信用于一身。税收专用发票，专司税收职能，商家内部管理和商家之间的信用关系还得再走一套程序。

在纸制发票和电子发票共存的时代，发票的形式不同，但功能近乎一样，法律效力没有实质变化，目的在于管税。其原有的商业信用和内部管理凭证功能已在发票身上荡然无存，甚至发票产生非信用事件竟成为常态。

（二）以票管税实录

以票管税成本巨大。从 2016 年 5 月 1 日全面"营改增"启动，随着增值税发票管理系统升级覆盖全部增值税纳税人，按全国近 5 000 万户增值税纳税人计算，每户首年购置税控设备的费用 1 050 元（升级后降至 490 元，不含购买专用电脑和打印机的成本），以后每年服务费 330 元。某公司购置一套税控系统：购买专用电脑和打印机 9 180 元，税控盘 490 元，年服务费 330 元，合计支出 9 800 元。以此户企业支出按全国 5 000 万户纳税人估算，则头一年初始投资需耗资近 4 900 亿元，以后每年还要承担 160 多亿元服务费用。

以票管税，管住税了么？翻阅一下媒体报道，2010 年国家审计署抽查发现，56 个中央部门已报销的 29 000 多张可疑发票中，有 5 170 张为虚假发票，列支金额高达 1.42 亿元，在对京沪高铁项目的审计中，有 5.2 亿元不合规定的发票入账结算；

2013年5月至9月，国家审计署对中投公司2012年度资产负债损益情况进行审计，其控股单位国泰基金使用假发票违规套现的情况被查出，自"2010年以来，累计使用假发票套取资金4 330.04万元，用于账外支付销售人员奖励，其中2012年发生1 793.25万元"；2014年上半年，各地税务、公安机关查处各类发票违法犯罪案件近3万起，查获非法发票1 760万份，抓获犯罪嫌疑人2 126人，查处违法企业2.9万户，查补收入46.4亿元。

新近的深圳"海浪2号"专案，涉嫌虚开发票金额50多亿元，税额8.7亿元，涉嫌骗取出口退税涉案金额9亿多元，退税额1.5亿元。北京虚开票大案，162个空壳公司，控制400多家企业，向全国29个省市1 513家企业倒卖虚开票3万余份，涉案金额36亿元，税额5.2亿元。

大案呈现全国性特点。

（三）电子发票探索之路

为有效防止不法分子利用伪造、倒卖、盗窃、虚开专用发票等手段进行偷、骗、逃国家税款的违法犯罪活动的大量蔓延，1994年税制改革推行增值税伊始即着手研究发票的防伪问题。1994年2月国务院召开专题会议，指示要尽快建设以加强增值税管理为主要目标的"金税工程"。当年下半年防伪税控系统和交叉稽核系统开始试点，金税工程正式启动。1995年5月30日，时任国务院总理的朱镕基同志听取了中国航天工业总公司关于增值税防伪税控系统研发情况，从1998年到2003年底，金税工程二期实施并取得阶段性成果。核心技术发票协查子系统是对有疑问的和已证实虚开的增值税发票案件协查信息，认证子系统和稽核子系统发现有问题的发票，以及协查结果信息，通过税务系统计算机网络逐级传递，总局通过这一系统对协查工作实现组织、监控和管理。自2003年4月1日起，手写版专用发票一律不得作为增值税的扣税凭证。

2012年年初在北京、浙江、广州、深圳等22个省市开展网络（电子）发票应用试点后，2012年5月中旬，国家发改委发布《关于组织开展国家电子商务示范城市电子商务试点专项的通知》，相关城市可提出建设电子商务示范城市的申请，试点城市可提出推广电子发票的要求。获批开展电子发票的试点城市只有5个，分别是重庆、南京、杭州、深圳、青岛。2013年1月25日国家税务总局第1次局务会议审议通过《网络发票管理办法》，2013年2月25日国家税务总局令第30号公布，自2013年4月1日起施行。2013年6月27日，北京市国家税务局、北京市地方税务局、北京市商务委员会、北京市工商行政管理局发布关于电子发票应用试点若干事项的公告，自2013年6月27日起，在北京市开展电子发票应用试点。

2013年12月，国家发展和改革委员会办公厅、财政部办公厅、国家税务总局办公厅、国家档案局办公室联合发出《关于组织开展电子发票及电子会计档案综合试点工作的通知》（发改办高技〔2013〕3044号），推进了电子发票入账的试点工作。

2013年12月京东商城上线电子发票系统，2014年6月京东商城开出第一张公司可报销的电子发票。2015年2月9日，中国人寿率先开出我国内地金融保险业首张电子发票。

2015年11月，《国家税务总局关于推行通过增值税电子发票系统开具的增值税电子普通发票有关问题的公告》（2015年第84号），从2016年1月1日起使用增值税电子发票系统开具增值税电子普通发票，其他开具电子发票的系统同时停止使用。

（四）发票法与理的关系

以票管税是有法可依的，只是法理之间的逻辑关系不清晰，误导执法关系，造成了上述一系列的悲剧现象。

1. 税收实体法的法义

我国的企业所得税法，增值税、消费税和营业税条例，对税收义务的认定都是从涉税要素角度定义产生的。从事生产、流通和服务取得收入、形成所得即负有相关纳税义务，纳税人即是从事生产经营活动的商家。条法中并未规定纳税人必须具备"有无发票"这一条件，也就是说不论商家有没有发票，从事生产经营取得收入和所得都要履行纳税义务。

法义要点：要素具备即产生纳税义务。

2. 税收程序法的法义

《中华人民共和国税收征收管理法》规定，税务机关是发票的主管机关，负责发票印制、领购、开具、取得、保管、缴销的管理和监督。单位、个人在购销商品、提供或者接受经营服务以及从事其他经营活动中，应当按照规定开具、使用、取得发票。发票的管理办法由国务院规定。《中华人民共和国发票管理办法》规定，销售商品、提供服务以及从事其他经营活动的单位和个人，对外发生经营业务收取款项，收款方应当向付款方开具发票；所有单位和从事生产、经营活动的个人在购买商品、接受服务以及从事其他经营活动支付款项，应当向收款方取得发票；不符合规定的发票，不得作为财务报销凭证。

法义要点：合规发票"应当"可以作为记账凭证并据此完税。

3. 刑法处罚要义

《中华人民共和国刑法》有关条款规定，违反税法涉及发票管理的相关规定涉及犯罪，最高可判处无期徒刑。

4. 法理逻辑关系歧义

实体法是具备要素的行为发生即产生纳税义务，程序法增加了附加条件是合规发票"应当"可以作为记账凭证并据此完税。两者在法义上的分立，使税收义务的产生在理论上"应当"有票，在实践中却因客观原因发生大量的无票、无账、无税的现象，同时违反发票管理相关规定涉及犯罪量刑很重，可至无期。由此，引发一系列"法"与"理"衔接配套问题的思考：

一是关于纳税义务人。实体法描述的情况，似乎义务人是要素具备、行为发生的商家，为什么一经程序法发票管理办法的"搅和"，义务人就转嫁给下一环节并最终由消费者负担？

二是义务转嫁影响发票需求关系。由于发生于生产经营环节的纳税义务将通过发票转嫁到下一环节或最终消费环节，后续承接者在不记账变通的情况下自然就会做出拒绝要发票的反应。因为要发票就要缴税，但不要票就不缴税，而且不影响其消费的一系列权益，因为商家有一系列维护其信誉的手段。

三是关于发票摇奖。税务部门组织发票摇奖活动，鼓励消费者索要发票。这一行为产生的结果：一是自己承认取得发票不是法定，而是鼓励；二是摇奖效果不会太好，因为摇奖未必获奖，但要票一定要缴税，税额比奖额更重，权衡得失不要发票为上策。

四是税收执法孤立于一般司法。经济纠纷中，判定交易与收支事实客观存在与否的司法凭证有很多种，认定的关键原则是证明事实的存在。但税收执法只认发票管理办法，没有发票的成本费用支出不允许扣除。一般司法可以认定的相关凭证而税收执法不认，法理上难以让纳税人接受。

五是发票在收入和扣除中的双重标准。对查账征收的纳税人，没有合规发票的支出不得在成本费用中扣除，但未开票的收入必须入账缴税，明显与实体法以事实为依据相背离。其结果是，商家会找大量的从防伪系统开出的"正规"发票进行虚抵，成为作案的主要手法。

理不顺的法，执行中会产生什么样的结果，可能就是上述一系列的偷逃税，也是在现有体制与环境下怎么管也管不住的事实！

（五）以票管税是否是唯一手段

进入大数据时代，在以数字经济为特征的环境下，"以票管税"是否是唯一有效手段呢？首先，看一组对比案例：

案例1：2015年11月11日，"光棍节"，仅阿里旗下的淘宝、天猫网一天实现销售912亿元，比美国圣诞节期间一周的销售额都大；2016年3月21日，阿里向全社会公布其网络平台累计一年销售额已达3万亿元，已经达到了沃尔玛一年全球的销售额。请问，在这912亿元和3万亿元中，有几个人要发票了？其中有谁交税了？是否造成了无票即无税的事实？

案例2：中央电视台"3·15"消费维权节目中公开了网商刷单行为，这项行为成为数字经济时代典型的欺诈新形式，特指电商为了形成市场影响，雇用相关组织机构通过在网上刷单伪造业绩、编造好评。这是典型吹牛不上税的案例，如果业务、发票、税收连为一体，刷单所编造的业绩自然也要交税，可见票、税、业务脱节是常态，交易事项与票和税完全不挂钩，这是对现有征管手段的极大讽刺。

案例3：股市与税收。2015年，在股市波动幅度最大的一周，市值减少9万亿元。市值损失额度接近2014年全国的税收收入。虽然损失如此巨大，但相关的税收少了没有？税款一分钱不少！请问股票交易的各方有谁要发票了？没人要发票为什么税款一分钱不少？这期间税务人员用操心么？不用！

案例4：代扣代缴。在当年和当下，都有一些很好的税收代扣代缴管理模式，既无税款流失，也便捷高效。如当年的个人利息所得税，对象都是自然人，但通过金融机构的代扣代缴管理，也没见着自然人不好管理的情况；当下征收的车购税和车船使用税，对象既有组织机构也有自然人，但通过购车、保险、验车等必要的业务环节协助代扣代缴，纳税人也无从逃税。这其中，也有要发票的业务，也有要票与不要票并无大碍的业务，有票与否无关紧要，但不缴税，车就不能正常运行，你说这"税"缴还是不缴，根本由不得个人的意志！

以上案例充分说明，发票介入未必管住了税，没有发票介入税款未必流失，这其中发票未必是决定性因素，很多的时候发票仅仅是一种摆设。

（六）数字经济时代电子发票相关的思考

从法理关系思考，从税收实践见证，数字经济时代电子发票如何发挥应有的作用，有很多具体问题都值得思考。

思考之一：辩证地看发票与业务的联系。

如果税收发票与生产经营业务脱节，很显然发票不能完整、准确、真实地反映交易内容，何以完税？如果税收发票与生产经营业务建立起紧密的联系，在数字经济时代意味着税务部门摸清了业务、管住了税源，那还要发票干什么？因为管发票的原意是为了管税，现在用信息管住了税，再管发票是不是附加成本？

思考之二："互联网＋税务"还是"税务＋互联网"？

发票与生产经营业务的联系，在数字经济时代实质就在于看互联网与税收业务工作的融合程度。"互联网＋税务"，就是充分利用现有的互联网资源，将税务管理事项融于生产经营业务中，让税无处可逃；如果是"税收＋互联网"，以税为中心开发互联网，一是不可能开发出复杂的各类生产经营形式的网络，二是开发系统成本很大，三是因为开发不出来生产经营业务互联网就只能自建系统内的互联网，这样的"税收＋互联网"与生产经营业务没有联系，对税源监管又有什么用？

思考之三：信息管税还是以票管税？

我国在强化税源监管的手段选择上，长期依赖于以票管税。随着金税工程三期的立项开发，提出了信息管税的理念。以票管税，是在技术手段上无法实现信息管税年代的无奈之举。进入信息化时代应逐渐淘汰落后手段，推行更先进的技术手段管税。信息，本身即应包含发票中反映的信息内容，甚至应该包含比现在的电子发票更丰富的交易信息内容。所以，当今先进的税收管理理念应是信息管税，不应该还停留在以票管税的传统观念阶段。信息管税的内涵是先管信息，管住了信息才能管住税；管不住信息，信息管税就只能是空喊的口号。

思考之四：电子发票的内涵。

目前，"互联网＋税务"行动计划，涉及发票的内容铺天盖地的都是电子发票工作的推进。从各大公司推进的工作内容看，都是围绕着如何打印出来与纸制发票一模一样的电子发票，方便纳税人获取发票。其目标定位，仅仅停留在方便工作、提升管理效率方面，并未涉及能否管住税这一主题，说明缺乏顶层设计。电子发票工作的推进，应该注重电子发票的内涵，而不是形式；强调的应该是电子信息的内容是否满足信息管税的要求，而不是形式上与纸制发票的关联。也就是说，名称上我们依然称其为电子发票，但内涵上强调的是真实、完整、准确的商务交易信息。

综合以上思考，未来电子发票与信息管税的联系，是以电子发票为切入点，实际原则上是要控制资金信息流，简化日常征管程序，为年终汇算清缴提供充实准确的信息资料。这时候信息管税的征管效率就不仅仅是从发票管理的累赘中解放出来那么简单了,而是从整个传统的日常复杂的征管事项中彻底解放出来。为此,在保障机制方面:一是完善税收法律制度,明晰纳税义务人、扣缴义务人和涉税信息化建设义务人的法律关系,将相关义务与法紧紧地扣在一起,违法必究;二是厘清以数字经济为特征的新经济时期的税收经济关系,简化、优化税制,为实现信息管税的高效征管创建科学条件。

三、分享经济税在哪里

2017年2月28日,国家发改委发布《分享经济发展指南(征求意见稿)》向社会征求意见。指南表示,为规范分享经济领域,我国计划对其适当征税。呼吁加快研究针对快速发展的分享经济领域新的税收管理措施,将分享经济涉税问题的研究推向了税收学术研究的视野。

(一)认识分享经济

分享经济(Sharing Economy),是指将社会不同所属关系的资源在不变所有关系的基础上互利交换使用,解决供需矛盾,最大程度实现资源价值或价值创新的经济运作形态。

分享经济古已有之。两户农家,甲家有犁,乙家有畜。春耕时节,甲借乙畜耕地,作为互利交换,乙借甲犁耕地。如两家地产相等,实现等价交换;如两家地产存在差异,出现差价交换,需以其他方式补偿既得利益。通过交换,解决了甲乙两家资源短缺的供需矛盾,犁、畜等农业生产资源在自给自足的经济环境下各自最大化实现其应有价值。

分享经济进入2.0时代，则是指将社会海量、闲散资源平台化、协同化地集聚、复用，解决社会化市场资源供需匹配矛盾，从而实现经济与社会价值创新的新形态。

但不论是传统分享经济或新经济环境社会化分享资源，其强调的两个核心理念是"使用而不占有"和"不使用即浪费"。这种先进理念在大数据先进技术驱动下快速推动分享经济的发展。有关报告指出，2016年我国分享经济市场交易额达3.45万亿元，比上年增长103%。在我国，BAT分布式的融合分享模式成为近期新经济发展主流模式。继"滴滴出行"平台推出"四轮资源"分享模式之后，就在2017年全国"两会"召开前夕，共享"两轮资源"的单车平台ofo宣布完成D轮4.5亿美元（约合人民币31亿元）融资。据悉，截至目前ofo已经完成了8轮融资，投资方达到十余家，包括金沙江创投、滴滴出行、经纬中国、顺为基金、真格基金等。在2017年的全国"两会"上，分享经济也备受代表和委员们的关注。"分享经济"成为官方用词，出现于2016年政府工作报告，原文：（在"十三五"时期）以体制机制创新促进分享经济发展，建设共享平台，做大高技术产业、现代服务业等新兴产业集群，打造动力强劲的新引擎。支持分享经济发展，提高资源利用效率，让更多人参与进来、富裕起来。政府引导及时，指明了数字经济环境下新经济发展变化的内涵、形式和方向，有力地推动了分享经济进一步的迅猛发展。

（二）现行税制下的涉税问题

分享经济的特点，是"使用而不占有"，其涉税问题涉及税制和征管两个方面。

从税制看，我国现行税制围绕使用而不占有的税收问题涉及实物资产租赁使用收入、无形资产特许权使用收入，以及伴随使用的服务收入和围绕这些收入形成的所得和管理行为涉及的税收，主要包括增值税、所得税和合同印花税。这些涉税问题，在现行税法当中都有明确规定，不是什么新问题、大问题。如果有些问题，那只是对收入性质的鉴别问题，到底是使用权还是所有权的转移、到底是使用费还是服务费，亦或融资租赁先使用后所有权的转换等。这些问题，虽然在"营改增"后都是增值税，但不同收入类别的认定，会有适用税率的差别。

从现行税收征管制度上看，如果这种使用权的交换是通过货币化实现、组织单位间大额货币的交换、税收发票控制下的交换以及规范合同下的交换，税款征收入库就不是太大问题。但数字经济时代的分享经济特点，更多地体现为非正规经营实体的分散式共享、自然人共享和非货币化使用权的交换。上述组织单位、货币化、大额、发票以及合同等征管要素都不具备时，不可避免的税收流失就成了分享经济税收难管的大问题。依我国分享经济2016年以103%速度增长，未来分享经济的涉税问题将是普遍税收流失的大问题。

（三）分享经济的税在哪里

上述问题，如果是基于货币化的使用权转让，是可以计量的，所以也能做到计征，只是有些分享成分过于分散时征管琐碎麻烦，所收税款尚不足以比价于投入的征收成本。分享经济更多的运作形态是使用权之间的相互交换，或使用权与服务的相互交换。这种情况下，交换的价值已经无法简单地计量时，如何征税？或者，虽有货币的运作参与，但这时的货币没有表现为直接的交换关系，而通过某种经济形式也表现为货币使用权的情况下，何以计量征税？这时候相关税法中所谓的视同销售都无法适用。

比如共享单车经营模式的交换关系，用车人支付一定数额的押金即可用车。这种交换，用车人拥有了单车所有人资产的使用权，单车所有人拥有了质押金存续期间的使用权。这种使用权的互利交换，如何视同交易计价征税？这种情况尚且涉及货币，但无法对使用权计价。再有一种情况，如果用车人的社会征信优良，可以不交押金使用单车，以信用换使用，当不用任何支付就可拥有使用价值的时候，这种征信数据实际上就产生了价值，如何计价？

未进入共产主义的分享经济，其互利晃子下必然隐藏着谋利，而且是重重获利。第一重利是聚利，分散出去到每一个体的都是溪流微利，但集聚的微利则能汇成江河大利。以共享单车为例，每一注册用户交99元押金，轻轻松松在短期内注册用户超越了3 000万户，就蓄满了近30亿元的资金池，其使用价值决非一个单车使用人所能想象；第二重利是扩利，随着拓展用户聚利的成功，第二步做法是融资，会在预期市场的诱惑下成倍地融资扩充实力，谋求更大的市场能力；第三步吸利，在扩大用户的基础上能吸引来更大的谋利市场，如广告、宣传、服务等。这重重的利，表现形式可能还是置换，与税何干呢？

从经济学的角度看，这种利益的产生表现为经营模式创新使原有资源价值的提升形成增值，而这种增值既为资产所有人所获取，又可转嫁给使用人所获取占有。从现行的税法看，谁获取这部分增值，在法理上就应负有增值税和所得税的纳税义务，应该根据资产的重估增值，扣除发生的相关成本征增值税，根据会计年度核算企业所得额征企业所得税，根据自然人所获益情况征收个人所得税。

也许，人们觉得不合理，征了增值税，再征所得税，重复征税？但确实是，增值税的课税原理是对新的经营模式或劳动新创造增加值课税，不论企业变着什么手法避税，当企业核算出现增加值，法理上就应征税。而我国的现行税制，增值税、企业所得税、个人所得税并存，可能会有三重税重复征税。

法理虽如此，问题是我们要对其一家一家地、每一个人的增值、所得去评估么？累不累，准不准，行得通么？

（四）改革之路

总之，分享经济的"使用不占有"的特点，已将共产主义物资极大丰富无需占有的景象提前呈现于市场，要求税制也将以超前的姿态进行实质性的改革。

这种市场变化的特点针对税收改革提出的要求就是以不变应万变，适应永远变化的未知市场和复杂的经济模式；以简单应对复杂，解决日益不可琢磨的混营模式。从农耕时代到今天的数字经济时代，涉税经济要素始终在变，如田赋、工商产品税、关税、所得税、消费税、环保税等等，税法税制也始终跟着天天在变，但仍然跟不上时代的变化。如果我们注意历史长河中经济变化中的不变要素，那就是人、消费、所得。所有的经济内容都因人类生存发展需求而存在与发展变化，人类生存需要消费，消费必须要有所得，除非人类灭绝或实现共产主义，人、消费、所得三者的经济关系将永存。所以，以不变应万变的税收策略，就是以自然人为对象对其收入和消费开征所得和消费两个税系，将现有的18个税种简化为两个税系；从简化征管的角度讲，在经济领域的生产、流通、分配和消费四个环节中，只在分配和消费环节征税，取得收入预缴所得税，零售环节扣缴消费税。如此，税制和征管两个方面都将得到大大的简化，征纳双方都将极大地减少税收成本。其改革的意义不仅仅在于简化征管、降低成本，更多地在于回归税收的本真——收入分配。

过去，征管对象以企业为主，是因为对自然人管理的手段有局限，管不住人，但能管住企业，所谓"跑了和尚跑不了庙"。但在数字经济社会的今天，管住自然人比管复杂的企业要轻松方便得多，人一出生就植入了芯片，没有数字认证人们寸步难行，随着市场货币无纸化的推进，对自然人征税再没有任何障碍，所以将来围绕自然人征收所得税和消费税必将是发展大趋势。

这种分配方式能否保证国家公共服务的财政支出呢？每年都有公布的财政收入和GDP，奈何你要会算，方知这不是问题。

参考资料：

[1]《今年共享单车市场将达亿元》,《北京日报》,2017年1月5日。

[2]《三问数十亿元共享单车"资金池"》,新华每日电讯2017年3月26日。

[3]《数十亿元共享单车押金该由谁来监管?》,新华社2017年3月27日。

[4] 百度词库，分享经济。

四、数字经济倒逼税收管理法律关系的先进性

2017年2月27日，国务院办公厅印发《2017年立法工作计划》，其中，税收工作领域将《中华人民共和国税收征收管理法》（下称"《征管法》"）修订排在了立法项目第一位，意在2017年人大会议完成修订审议，争取在2018年实施。此时，回看国务院法制办推出的《征管法修订草案（征求意见稿）》，在理念和指导原则方面似乎并未能体现时代先进性基本要求，有颇

多值得进一步商榷之处。

　　法律关系的先进性，是立法总则的基本要求，必然适用于税收管理相关法律的立法及修订。当前，在大数据技术和网络环境的助推下，数字经济、分享经济成为新经济发展的主要形式和特征，税收管理相关法律体系必须认识这种新经济特征就税收管理的一系列法律关系以符合当前经济特征的先进理念予以指导，建立新型的税收法律义务关系，引导优化税制及分配关系的建立，强制先进技术手段在税收征管工作中的应用，推进现代专业化管理模式和机制的建设。

　　因此，关于税收管理相关法律的先进性研究，宏观上要正确认识税收本质，厘清税收法律体系内在关系；微观上，则要求在税收要素管理方面贯彻先进性要求，还原税收本质，体现法律内在关系的一致性、配套性。所以本文意在从回归税收本质、厘清税法体系内在关系、规范税收要素管理方面浅谈税收法律关系的先进性。

回归税收本质

　　按照税收教科书规定，税收是国民收入中国家无偿、强制占有的组成部分，其基本职能是筹集国家财政收入，所以命名为"税收"。但这是在旧社会、传统经济模式下剩余不足、手段不充分条件下的定义。这种定义，在税收本质是国民收入分配的基础上，其限制性条款"无偿"和"强制"体现出旧时代政府法律的强权性特征要求，其基本职能也只强调了政府财政的需求，完全忽视税收本质是创造价值的组成部分，事关分配中体现劳动者直接权益的需求。但在当时有限的经济基础上，仍然认为其一定程度上适应当时社会发展强权、集权制对国家稳定和发展的优势，是合理的法律保障。

但在今天，经济基础发生了天翻地覆的变化。新经济2.0时代全球化的数字经济和分享经济特征，不仅仅是催化经济高速发展，在物质财富总量上满足了人们物质生活的社会基本需求，更重要的是其颠覆性地影响到经济基础结构、经济模式、资源配置和分配关系的根本变化，特别是全球化分享经济特征的作用，在挖掘社会资源高效共享配置的基础上，直接削弱政府集权财政的经济意义，向税收强制集中财政的职能提出了法律关系界定的挑战。这时候的法律关系，强制的理念可能不是侧重"征收"，而应该是更多地强制维护新经济条件下各方利益的"分配"关系，而这种强制的前提是立法的民主性。同时，税收"无偿性"的时代特征也将随着政府职能向全社会服务的转变而消除，与政府提供公共服务的事权直接挂钩。

所以，围绕税收定义这一问题的先进性，回归税收本质即先进。

厘清税法体系内在关系

一、实体法与程序法矛盾

围绕纳税义务的法律关系，在我国实体法与程序法之间存在某些不配套衔接的地方。在我国，税收实体法定义从事生产经营和流通销售服务的企业为纳税义务人，比如企业所得税法、增值税和消费税征收条例等。但在程序法中，随着"以票管税"的推出，将这一义务的转嫁给出了法律的便利。法理之间的逻辑关系不清晰，误导执法关系，造成税收征管一系列的问题。

1. 税收实体法的法义

我国的企业所得税法，增值税、消费税和营业税条例，对税收义务的认定都是从涉税要素角度定义产生的。即从事生产、流通和服务取得收入、形成所得即负有相关纳税义务，纳税人即是从事生产经营活动的商家或个体。条法中并未规定纳税人必须具备"有无发票"这一条件,也就是说不论商家或个体有没有发票,只要从事生产经营取得收入和所得都要履行纳税义务。

法义要点:要素具备即产生纳税义务。

2. 税收程序法的法义

《征管法》规定,税务机关是发票的主管机关,负责发票印制、领购、开具、取得、保管、缴销的管理和监督。单位、个人在购销商品、提供或者接受经营服务以及从事其他经营活动中,应当按照规定开具、使用、取得发票。发票的管理办法由国务院规定。销售商品、提供服务以及从事其他经营活动的单位和个人,对外发生经营业务收取款项,收款方应当向付款方开具发票;所有单位和从事生产、经营活动的个人在购买商品、接受服务以及从事其他经营活动支付款项,应当向收款方取得发票;不符合规定的发票,不得作为财务报销凭证。

法义要点:合规发票"应当""可以"作为记账凭证并据此完税。

3. 刑法处罚要义

《中华人民共和国刑法》有关条款规定,违反税法中有关发票管理的相关规定涉及犯罪的,最高可判处无期徒刑。

4. 法理逻辑关系歧义

实体法是具备要素的行为发生即产生纳税义务,程序法增加了附加条件是合规发票"应当""可以"作为记账凭证并据此完税。两者在法义上的分立,使税收义务的产生在理论上"应当"有票,在实践中却因客观原因而出现大量无票、无账、无税现象,同时违反发票管理相关规定涉及犯罪的量刑很重,可至无期。由此,引发一系列"法"与"理"衔接配套问题的思考。

一是关于纳税义务人。实体法描述的情况,似乎义务人是要素具备、行为发生的商家,但在程序法发票管理办法下,义务人则转嫁给下一环节并最终消费者负担。

二是义务转嫁影响发票需求关系。由于发生于生产经营环节的纳税义务将通过发票转嫁到下一环节或最终消费环节,后续承接者在不记账变通的情况下自然就会做出拒绝要发票的反应。因为要发票要缴税,不要票就不缴税,而且不影响其消费的一系列权益,因为商家有一系列维护其信誉的手段。

三是关于发票摇奖。税务部门组织发票摇奖活动,鼓励消费者索要发票。这一行为产生的结果:一是自己承认取得发票不是法定,而是鼓励;二是摇奖效果不会太好,因为摇奖未必获奖,但要票一定要缴税,税额比奖额更重,权衡得失不要发票为上策。

四是税收执法孤立于一般司法。经济纠纷中,判定交易与收支事实客观存在与否的司法凭证有很多种,认定的关键原则是证明事实的存在。但税收执法只认发票管理办法,没有发票的成本费用支出不允许扣除。一般司法可以认定的相关凭证税收执法不认,法理上难以让纳税人接受。

五是发票在收入和扣除中的双重标准。对查账征收的纳税人,没有合规发票的支出不得在成本费用中扣除,但未开票的收入必须入账缴税,明显与实体法以事实为依据相背离。其结果,商家会找大量的从防伪系统开出的"正规"发票进行虚抵,成为作案的主要手法。

主体关系与责任

由于对税收以"收"为主要措施手段才能实现的长期认识,淡化了税收是国民收入分配的本质,本末倒置地就产生了税收存在"征收主体"这样的法律关系。"征收主体"是由实体法规定，基本意思是要求纳税人如期向"税务机关"申报纳税。征管法又明确"凡依法由税务机关征收的各种税收的征收管理，均适用本法"，继而规定了其他协助征收的行为就形成了"代扣"或"代收"的法律责任。

税收作为国民收入分配的主要组成部分，由于分配手段落后，由纳税人的上门征收变为税务机关的上门缴纳，均处于一种人为手工状态。这时候的法律关系定义税务部门为征收主体即体现为这个时代的先进。但进入数字经济时期，大部分交易结算均由网络金融手段实现，并即将进入无现金流通的时代，这时期仍然在法律上定义脱离于金融部门的税务机关为主管部门，不仅是一种资源的浪费，而且明显难于管理到位。这种情况下，原来的"代收""代扣"业务单位，则应该上升为组织分配关系的主体，更赋有时代的先进性。

例如，2013 年 5 月，美国参议院通过了《市场公平法》（Marketplace Fairness Act），要求所有在线零售商代收消费税，即在商品价值实现的环节，同时实现国民收入的初次分配。这种法律关系，看似代收行为，但当全部消费税以此方式实现，就不能简单地将其看作是代收，而是分配的主要环节和方式。这时候的税务机关，其职能已经从原来的征收部门完全转换为政府管理机构，只有草拟相关法律文件的职能，不再直接参与征收，税款将在商品价值实现的环节，通过网络金融体系直接分配进入国库。

数字经济时代，税收法律关系如能明确网络金融体系实现税收分配的主体地位和责任，是为时代先进性。

管理对象及内容

《征管法》规定：法律、行政法规规定负有纳税义务的单位和个人为纳税人；法律、行政法规规定负有代扣代缴、代收代缴税款义务的单位和个人为扣缴义务人。纳税人和扣缴义务人，即成为税收管理的客体对象。相应地，管理的内容即为针对纳税人和扣缴义务人税款缴纳伴随发生的管理事项，如税务登记、申报缴纳、行政审批等等。

数字经济大金融环境下，要求还原税收本质为国民收入分配，并通过网络金融体系在商品和服务价值得以实现的交易环节予以实现，这时候的管理对象将从纳税人或扣缴义务人个体上升为一个体系，必须考虑商品和服务交易双方与钱款收付金融机构双方严谨的法律关系与责任。这时交易双方不再是纳税义务人，只是收入分配关联关系人，而钱款收付金融机构双方却负有促成国民收入实现初次分配到位的责任，即在交易环节直接划拨税款进入国库的责任人。

在数字经济时代，管理对象由纳税义务人个体向网络金融体系提升，管理内容由税款征收事项的管理向税款网络金融划拨转变，才能充分体现税收法律关系的时代先进性。

总之，能否对上述税收本质、主体关系、管理对象和内容在法理上重新审视定义，关键的因素是措施手段能否满足国民收入分配充分实现。

进入数字经济时代，交易信息几近百分之百地数字化，网络金融的发达程度目前可以做到所有交易结算账户的互通与无纸化。基于这样的基础条件，国务院及会计管理相关主管部门都积极地推出了电子信息可以作为账务信息进行账务处理的规定。但是，在这种情况，税法相关规定依然强调以票管税，严重制约和影响了电子记账的发展进程，显然背离了时代发展的要求，成为制约税收管理现代化的主要掣肘因素。

进入数字经济时代，在法律上明确以信息管税替代以票管税，是为法律关系的先进性。

五、大数据时代促进纳税申报资料真实性改革路径

摘要：纳税人纳税申报资料的真实性，是决定能否遵从纳税的基础信息，是各国税收征管面临的一项关键技术问题。解决这一问题，随着发达国家信用体系的建立，都已不是难题，但在尚未建立完善信用体系的我国在现有征管模式下仍然是一大难题。本文从要求纳税人如实、准确、完整履行申报义务的税法规定出发，在申报内容的构成上增加金融机构鉴证的企业账户现金流，从而既实现纳税人自主申报，又兼有第三方鉴证真实性的过渡措施，继而用大数据思维完成税银网络系统对接，自动实现税银数据互通共享的机制，彻底解决纳税人申报信息不实的问题，实现服务社会信用体系的构想。

在现行税收征管制度和模式下，税收管理最头疼的一件事就是纳税申报的真实性。证实，是社会经济领域行事的基本准则，涉税工作中申报资料不实，就没有税收遵从的基础。本文将围绕税收申报资料证实这一问题，总结现行制度的缺陷，探讨改革路径。

一、现行制度的缺陷和问题

从宪法、税收实体法到税收程序法，相关税法规定都要求纳税如实履行纳税义务，做到如实、完整、准确地申报纳税。但纳税人出于个人利益普遍存在少交税的初心，申报资料是做不到大面积的如实、完整、准确，现行制度执行的结果事实与法规要求

正相反。为解决这一问题，目前税务部门的做法是一个劲地追加申报附列资料，随着税收政策的越加复杂，追加更多的附列资料，以求满足税法相关规定，掌握充分数据核算应纳税款或应享税收优惠。目前，仅企业所得税申报，就要求纳税附列40多种报表。而且增值税申报一样，也要求附报企业财务报表，再考虑到非居民关联交易、其他税种和出口退税等，有一系列的附列资料要求，并形成多头重复申报。其结果，一是增添征纳双方的税务管理工作负担和征纳成本，二是并没有解决纳税人虚假申报的问题。联系起来看，没有解决问题而增加负担，就更是得不偿失了。

出现这种情况，我们再审一下申报资料的成分，究其问题根源，一个突出的特点就是所有这些资料都是由纳税人自己编制的。美其名曰纳税人自主申报，风险自担，明确纳税人责任。但是，自编的结果，申报资料全是编造，与企业的生产经营情况和财务状况事实根本不搭边。这就是现行制度的缺陷和根本问题所在。

解决问题的基本思路，既要纳税人自主申报、自担责任，还应该设法要求纳税人证实其申报的真实性。证实，也是纳税人的义务，而不应该在申报后期，由税务机关通过一系列复杂的数据应用分析评估推断纳税人应纳税额。

二、建立完善纳税申报证实制度的改革路径

近期，社会上流行一个微信段子，说在办理涉及重大利益和责任事项时，要求证明关系人身份"谁是谁"。证明一个人的身份"自己是自己"，看似一个办事累赘的笑话，但反映了办事须"证实"这样的基本准则。进入大数据时代，很多事物的证实已经不是一种特别烦琐复杂的事了，可以应用大数据思维推进完善

纳税申报管理办法，逐步推进和建立完善纳税申报资料证实制度。

（一）要求纳税人申报时附报由开户银行鉴证的企业账户现金流

从企业财务核算与税收制度的关系看，纳税人操纵少缴税的机理是瞒报收入多列成本费用支出，反映到现金流就是账户"一收一支"的关系。那么，从税源监控的角度看，就应该要求必须掌握企业收支现金流的真实性。如果企业收支的现金流得不到客观真实的反映，那么所有的企业财务报表及其40多种附列报表就全是编造的了，就不可能做到真实、准确、完整。因此，申报时附报企业财务报表和这40多种附列报表是次要因素，掌握企业银行账户的收支现金流才是主要因素。

当前的问题是，税务部门一直将企业的银行信息作为第三方信息看待，由于金融保密法的相关规定，不便从银行直接全方位的取得企业账户信息，只有进入涉税违法案件查处的司法程序后，才可逐户冻结纳税人账户实施查证。

其实，从涉税信息隶属关系看，企业银行账户信息不属于第三方信息，而是纳税人直接的涉税信息。是否是第三方信息，主要看由谁来提供。这一信息，从银行取得，是从第三方获取，但是纳税人本身就有申报的义务。因此，税务部门要求纳税人申报的资料，首要考虑的不是复杂的40多种报表，而应首先考虑让纳税人简单地申报其所有银行账户的收支现金流即可，并要求加盖开户银行章鉴证。税法有要求纳税人如实申报涉税信息的规定，要求纳税人自主申报银行账户信息的做法即避开了金融法规要求银行为客户保密的相关规定，是纳税人自主申报的要求。其实，这一做法已经普遍在社会的其他鉴证工作中应用了。比如，出国办理签证手续，经常要求开具银行有多少存款的证明，其实就是社会上经常开玩笑说的"证明你妈是你妈"的过程。税务工作为什么不能要求纳税人也证明一下自己真实的现金流呢？税法赋予纳税人的义务要求，一定要用起来！

（二）金融机构的鉴证责任

客户要求银行证明自己账户活动情况，以资证明企业资产运作能力，是商务活动常见现象，银行必须为客户提供相关服务，否则会丢失大量客户，这是市场客观规律，都无须法律约束。以此，纳税人要求银行鉴证其账户现金流，也是顺理成章的事，更是银行的义务责任。现在需要银行进一步明确的责任，是在纳税人没有主动要求银行出具企业账户现金流证明时，可以定期通知纳税人履行相关责任和义务，并在纳税人过期仍未履行责任义务时，向税务机关报送未办理证明的银行账户企业名单。

现实生活中，纳税人为少缴税，常常会在多家银行开设账户。上述要求纳税人申报银行账户现金流的办法，纳税人的对策可能是只申报一个账户的信息。

随着国务院"多照一码"工作的推进，未来社会经济工作中普遍存在的办事代码将截然分为法人码和自然人码，所有企业银行账户将应用唯一法人码开设。如果企业没有去银行办理企业账户现金流鉴证业务，可有如下措施推进相关工作：一是银行系统可以自动整理出未办理企业，通知其办理；二是将逾期未办理账户信息通报税务机关；三是在银行开设企业账户须办相关备案手续。这种多环节措施，将逼迫纳税人只能按相关税法规定定期报送企业账户现金流收支信息。

（三）税银大数据直接对接

上述纳税人企业账户现金流鉴证资料报送的操作，只是过渡时期申报业务流程涉及关联关系方的简单描述。进入大数据时代，网络金融如此发达，根本无须纳税人亲自登门上银行开具鉴证资料,只要有一个客户服务协议,银行和税务机关可以建立网络大数据对接关系,直接将纳税人企业账户现金流的鉴证信息传输到税务机关。这时,由于是纳税人与银行的客户协议使然,就不存在银行所谓遵从金融保密法不能向税务机关提供客户信息的情况了,从而完全解决纳税人申报信息不实的根本问题。

三、进一步建立健全保障制度

做到上述由银行直接向税务机关提供由纳税人主动申请的鉴证申报信息,需要在税收管理相关的法律法规中明确如下规定:

(一)改革纳税申报的构成

有助于税源监控管理、促进纳税遵从的纳税申报资料,关键是在于"真",而不是在于多。附列再多资料,如果全是编制的假材料,只会给征纳双方添更多的麻烦,而获取到企业真实的资金现金流才能对纳税义务作出有效评估并合理完税。因此,促进纳税申报资料真实性改革的第一步是修改纳税申报信息的构成,明确规定在纳税人申报资料中应增加申报由银行鉴证的企业账户现金流收支信息。

(二)规范理顺企业账户备份业务

在企业开设银行账户问题上,应明确规定必须在税务机关备案,并在操作业务流程设计上,经税务局备案后方能在金融机构开设账户。未在税务机关备案,金融机构不得给企业开立企业账户。如此,税务机关可以掌握企业在不同金融机构开设的所有账户,严防纳税人不申报银行账户现金流信息的情况发生。

(三)规范统一银行账户编码

随着国务院统一规范"多照一码"制度的推进,金融系统也应规范统一企业账户编码规则,以企业唯一码为基础开设账户,并辅以分类码识别金融机构类型。这样,在社会治理现代化进程中，金融机构方便在金融大数据网络体系中，很容易监控企业在各类金融机构开设的所有账户，方便税源监控管理和部门数据互通、对接、共享。

目前，个别金融机构已经与税务部门开展了非常友好的税银合作，相互共享相关信息，正在稳步推进税银两个系统的信用体系建设。下一步的深入合作，还需要从纳税申报资料真实性这方面基础工作改革入手，奠定扎实的税收管理基础工作，方能进一步深化改革将征纳双方从目前繁重的税收管理工作中彻底解放出来。解决纳税申报真实性问题，只是大数据时代现征管模式下的过渡性措施。迎接大数据时代给全社会带来的福利，必须以优化税制为契机突破传统征管模式，以大数据思维建立全新信息管税模式，促进税收本质的真正回归，实现大数据大金融国民收入分配管理的现代化。

参考文献：

［1］焦瑞进："从税制改革谈信息管税的前景"，2015 年 5 月 29 日，国研网。http：//www. drcnet. com. cn/eDRCnet. common. web/DocSummary. aspx？chnid = 4120&leafid = 16024&docid = 3935440 &uid = 2226&version = gov。

［2］焦瑞进："大数据时代以资金信息流为控制链条的简化税制研究"，2015 年 5 月 29 日，国研网。http：//www. drcnet. com. cn/eDRCnet. common. web/DocSummary. aspx？chnid = 4120&leafid = 16024&docid = 3935517&uid = 2226&version = gov。

［3］焦瑞进："大数据时代大金融统领国民收入初次分配的研究"，2015 年 6 月 18 日，国研网。http：//www. drcnet. com. cn/eDRCnet. common. web/DocSummary. aspx？chnid = 3631&leafid = 14107&docid = 3957717&uid = 2203&version = gov。

六、乘"十九大"东风,扬大数据思维加速推进税收治理现代化

习近平总书记在"十九大"工作报告"不忘初心,牢记使命"中指出,中国共产党领导中国进入了一个全"新时代",肩负着全"新使命",必须以全"新思想"引领伟大的"新征程"。这"四个新"的认识,擘画出一份中国发展蓝图的纲领性文件,将引领未来中国伟大复兴之路,实现把我国建成富强民主文明和谐美丽的社会主义现代化强国总目标。围绕新时期这一伟大目标的实现,在税收领域应着重做好以下几个方面的工作:

一、积极推进税收治理现代化

把我国建成富强民主文明和谐美丽的社会主义现代化强国,首先要实现国家治理体系和治理能力现代化。这不仅预示着国家治理体系和治理能力现代化将成为我国"两个一百年"奋斗目标中的重要组成部分,而且是强国梦现代化体系中的顶层目标。国家治理现代化的思路和逻辑贯穿"五位一体"的各个部分。国家治理体系和治理能力现代化既是一个战略目标,也是一个支撑体系,能够为我国在新时期推进经济、政治、文化、社会以及生态文明建设,全面建成小康社会提供重要支撑。在这个问题上,报告并未回避问题,特别提出"国家治理体系和治理能力有待加强"。这进一步说明现有的国家治理体系和能力距离人民日益增长的美好生活的需要仍然有一定的差距,对于推进"四个全面"战略布局,实现"五位一体"总体布局的要求仍然有一定差距。因此,在未来一段时期内,推进国家治理体系和治理

能力现代化依然是我们党的重要目标。

推进国家治理体系和治理能力现代化,税收治理现代化将占有重中之重的影响作用。早期为贯彻落实"十八大"会议精神,2014年6月30日习近平主持的中共中央政治局召开会议,审议通过了《深化财税体制改革总体方案》。会议指出,财政是国家治理的基础和重要支柱,财税体制在治国安邦中始终发挥着基础性、制度性、保障性作用。由此我们可以认识到,财税体制改革是一场关系国家治理体系和治理能力现代化的深刻变革,是立足全局、着眼长远的制度创新。因此,积极推进税收治理现代化,将是"十九大"新时期税收工作最重要的新使命,必须以新时期的全新思想引领这场关系国家治理体系现代化进程与成败的重点工作领域,使命重大,是一场任重道远改革新征程。

二、正确把握税收制度改革的使命要求

"十八大"期间中央政治局关于《深化财税体制改革总体方案》的决议,部署全面深化经济体制改革时提出,"加快改革财税体制,健全中央和地方财力与事权相匹配的体制,完善促进基本公共服务均等化和主体功能区建设的公共财政体系,构建地方税体系,形成有利于结构优化、社会公平的税收制度"。对此,"十九大"工作报告再次强调,"深化税收制度改革,健全地方税体系"。这一段关于税收工作的表述,篇幅不大,意味深长。对比"十八大"对财税工作提出的要求,"十九大"文件表述更言简意赅,目标要求高度一致,清晰可见。这种表述,一定程度反映出在砥砺奋进各领域取得辉映成就的5年,财税改革原地踏步,没有实质性的进展。在两届大会提出同样的目标要求,更体现国家对财税改革的高度重视和期待,事关国家治理体系现代化建设的基础和支柱,使命重大,意义深远,应予以财税部门的高

度重视。

　　细观两届会议文件表述的细微差异，"十九大"特别强调"深化税收制度改革"，将财、税分离表述，某种角度预示着税收制度的改革虽然与财政改革存在必然的内在配套联系，但是在诸多工作领域中可以不受财政体制的掣肘，独立先行先试探索深化改革的内容和路径。同时，这种独立表述可从另一种角度揭示出，税收制度改革在本届政府将担当特殊使命，能否突破传统束缚引领新的变革，满足新经济体系现代化建设提出的与之相适应的现代税收制度使命要求。这种使命要求包括：一是在政策上搞活市场资源，鼓励新经济体系内容的健康发展；二是在制度上减轻新经济实体各种负担，促成新经济实体轻装上阵加速推进现代化进程。最后，独立表述"深化税收制度改革"，说明财税体系的系统改革先要解决"收"的问题，收的问题解决不了，就没有现代财税制度建立的基础。解决"收"的问题，一是要优化税制，不能万税乱收，现代税制要适应现代化经济体系发展的要求；二是"收"的模式，回归税收分配本质，不能强收、瞎收，要以现代大数据思维，创新国民收入分配方式，建立大数据大金融现代化国民收入分配体系。

三、以大数据思维加速推进税收治理现代化

　　推进税收治理现代化，必须贯彻新发展理念，建设适应现代化新经济体系的税收制度。进入新时期，随着网络化大数据时代的到来，大数据技术、网络化思维和云算法模式不仅引领着现代经济体系向数据字化、全球化发展，更是颠覆性地改变了经济基础结构，衍生多种新型经济业态和混营模式引领经济发展。目前，欧盟委员会审视其税制与经济发展关系现状，面对互联网经济和大数据日新月异的迅猛发展，欧盟委员会认为，基于传统经

济制定的现行税收体制已跟不上现实发展需要，尤其无法适用于不断增长的基于无形资产和数字经济活动发展的要求。由此提出，对数字经济更加公平地征税迫在眉睫。数字企业主要基于无形资产进行经营，成本降低的同时又能享受税收优惠，跨国数字企业还能基于无形资产的高移动性而进一步降低税负，通过不设常设机构进行避税，甚至可以利用最优惠的税收体制将实际税负降低到零。

构建税收治理现代化体系，一个基本指导思想就是融入社会，集成资源，优化税制促发展，简化征管降成本，简政放权提效率。

融入社会，就是要将税收工作融入现代化经济体系整体考虑，实现税收与经济的整体有机契合。一方面要坚持以经济为基础实现税收合理分配，同时研究在恰当的经济领域实现分配，解放市场配置资源的主要途径，促进市场充分发挥资源资源配置高效机制，促进现代经济发展。

集成社会资源，就是要充分利用市场和经济领域已经铺就的信息网络资源为我所用，以大数据、互联网和云计算思维，通过互联网＋税收的改革模式，依托经济领域各税收节点的分布关系直接解决交易过程中价税分离、税款直接入库的问题，修正传统集中征收模式高成本低效率的做法，推进税收工作的信息和现代化进程。

优化税制，就是要充分认识现代化经济体系的内涵实质，理论上厘清新经济内容的税源所在，制度上科学地修正现行税制18个税种与新经济内容的对接，有效地建立新型税收经济关系，既保证税收基本职能的实现，为国家公共服务产品提供必需的财力保障，又要高效促进国民经济发展。其中，一个很重要的方面，就是如何建立互联网环境下经济全球化条件下的地方税体系，理顺地域管理及层级管理的收入分配关系。

简化征管是"十九大"报告再次强调"放管服"的基本精神。现代治理条件下的放管服，是在政府行政部门减政放权同时，通过社会综合治理规范纳税人市场行为，通过政府服务促进纳税遵从。在大数据环境下，简化征管也要创新思想，摒弃登记、申报、发票等的传统手段和"征、管、查"守旧模式，充分利用现有社会网络资源和信用体系，在优化税制的基础上以云计算分布式方案化解税款缴库方式，以此杜绝任何形式的税款流失和洗钱行为，从而彻底解放征纳双方繁重的日常税务管理工作，体现税治理现代化的优越性。

推进税收治理现代化，是实现国家治理现代化的重要组织部分和突破口，是服务现代化经济体系建设发展的重要途径和手段。财税部门一定要认真学习领悟"十九大"新时期、新使命、新思想和新征程的"四新"精神，以全新思想引领税收制度改革，突破守旧思想和传统征管模式的束缚，把"十九大"提出的税收制度改革任务扎扎实实地推向前进。

第二部分

人文情怀篇

由于从小不善观察，懒于写作，不喜文艺，读书选择了理科。由此，更是不懂人文，不解情怀，困惑于人情世故，所以有了现在的所以！

　　简单的工作生活中也有仰慕和崇拜。在诸子百家中，将哲学家排第一，其伟大在于用非常简洁的短语给出明世哲理、正确思维方法和至今无法颠覆的真理；将数学家排第二，其伟大在于仅用 0 到 9 这 10 个数码，能将社会现象复杂的关系呈现于世人；将自然科学家排第三，是基于其辛勤探索自然、改造世界为人类谋求幸福；将专家视作"砖家"，基于巧取前人研究成果，学术于忽悠当政。

　　业余生活，木讷与不懂文艺的我，从不玩智力游戏，比如棋牌词令等，更喜欢户外的运动，奔跑于各种赛场，不望出名次，唯图酣畅淋漓秀技巧，追求所谓的规则公平。

　　人生走到现在，始觉懒学误己、误人、误社会，郁闷中就常会发一些不羁傲娇的感慨。

一、三临黄山

　　三临，来了三次。

　　第一次，刚登顶来到迎客松前，一阵狂风暴雨就将我们打下山来。感慨，郁闷，这就是全球最著名的黄山迎客松？如此迎客的方式很特别！

第二次，来到了山脚下，阳光明媚，期盼着再次见到迎客松。一个电话，要求马上直赴工作岗位。感慨，郁闷，质问迎客松，我不是客？

之后还有机会，虽心有所期，然总觉无缘，几次进入安徽境内，始终未提再上黄山的事。虽有众多朋友一再诚恳相邀，但心已冷，拒赴邀。

又入安徽，又下飞机，又是相邀，又提不去的理由。然邀者说："我是黄山人，黄山的脾气我很熟，随我走一定不虚此行！"哇，心跳的感觉，上黄山毕竟是自己一直的期待！一个字，"走"！

第三次，早起，起得这样的早，竟然尚未听到雄鸡唱早。打开窗帘，推开窗户，一阵清爽已然浸入肺腑。望着天边的微白、渐亮、大亮，晴朗的天气已不再让我有任何顾虑，赶紧……

这样的早，随缆车直上，不见任何游人，偶有薄雾掠过，就有上青天的感觉，这就是心情，这就是期待，闭眼，飞天的感觉，哈哈……

上来，天已大亮。晴朗天空，凉爽气息，清新草香，别样的清爽，就是想让你跑，想让你跳，脚下就是这样地轻。步步是景，回头是画，远望就是秀丽山川的风景大片，步步催赶着自己向前，奔高，想飞。

来到始信峰，登上始信峰，始信何为始信峰！来到始信峰，始信信念对人生的意义，信念有多高，境界有多美；登上始信峰，始信坚定信念对人生的意义，只要肯登攀，一览众山小！从此，还有什么不相信，唯有努力……

再上光明顶。是心情好，天气好，还是山顶的名字起得好？期待中也没感觉吃力，就登上了光明顶。豁然开朗，辽阔无边，突兀的山石已不再有树木的遮挡。恰逢朗朗天空，光洒群峰，石白树绿，青白分明间领略什么是明媚，看到了光明！

最后来到了迎客松，涌动的人群争相靠近。远望挺拔的迎客松，茫然于众人的涌动，问道，悟道。迎客松曰：我挺拔，我骄傲。

三临黄山，始有信念：阳光自我，我挺拔，我骄傲。

二、夸夸自己：生命中的三座白塔

华夏大地，漫漫长河，有三座白塔，耸立于某个角落的山旮旯里。冥冥中，这三座白塔就是为我而建，诱我三顾白塔，联想自己还不算苍白的三段人生。

第一座塔，奋斗创业之塔。不必评说的一段历史，中断了我们这一代人的求学之路。之后的路，插队下乡，当兵扛枪，就业工作，再回头苦读求学，外语过级考研，实现儿时梦想成为人民教师，完成三十而立传统的追求。

第二座塔,书写业绩之塔。因命运转岗公仆,谈签过双边税收协定,草拟过海运税收规章,带领过全国税收普查,建立起全国重点税源监控体系,开发了系列数据分析模型,引领了税源专业化管理潮流,从预警纳税评估推出风险导向的全流程税收风险管理模式,顺势建起了全国大企业税收管理信息系统。当专著十几本、论文一摞摞地堆放在尘封的角落,唯有那几枚二等功、三等功奖章还能折射出些许阳光。

第三座塔,光耀余年之塔。如今退休,参与义工社会团体。心心念念,总觉该做的事情还没有做完,奋斗一生的领域,怎么

仍然落后于时代发展的要求。看不到心爱事业的现代化，枉活一生，来世白走一趟。时逢互联网兴盛，结合大数据时代特征提出以资金信息流控制深化税收改革的设想，为简化税制、有效税收征管提出颠覆传统模式的构想，其意义必像三座白塔，余辉永在山间闪耀。

仰望大理三塔，静观白云飘过，感慨昔日大理国王倾心建造这三座白塔留给后人，却像白云飘过什么也没有带走。似乎在告诉后人：人走什么也不能带走，但是却可以留点什么给后人。

三、快乐网球生活

（一）结缘网球

与网球结缘，说来是那样凑巧。不记得是哪一年的总局职工运动会，也不记得是哪个运动项目拿到了名次，获得的奖品是支网球拍。同年，为我们单位开发软件的一位朋友喜欢打网球，凡来北京出差就相约打球。你说这不凑巧么，刚获奖得了网球拍子,上帝就送来了会打网球的朋友,打了几次,竟能对打几个回合。由于很快就能上场打球了,所以带我打球的人也就多了起来,因为已经不是网球高手陪练的负担,而是能一起对打的球友了。

我不是想说我有运动天赋,只是请教练教球太慢了。也许教练是为了挣钱,一个动作教几十遍还不教你真功夫。照教练这种教法,可能要一年、两年我也学不会打球。没有教练,只是找朋友"传帮带",也没几个月工夫,就能对打了。但是,还是想提醒一下新学网球的朋友,网球是一种击球技术要求很高的运动,即使不找专职教练,也要找网球高手指点基本动作后再打球。否则,盲目乱打,很容易伤胳膊伤手腕的。我初学时没注意,打成网球肘,将近半年时间休养康复不能打球。

(二) 求学心切

不久,单位成立了网球协会,从此单位组织网球活动规律而充实,既有既定的活动时间和场所,还有正规的教练指导,在深深体会组织的重视和关怀的同时,更激起对旧时打球"苦难历程"的回忆。

初学打球的日子,感觉北京的网球活动还不是太普及,打球的人不多,球场也少,很难满足刚入门时对打球的渴望。夏日清晨,天亮得早,习惯早起的我,对着世纪坛的墙壁狠打猛抽,发泄自己对没有球场和对手的积怨。没想到,墙壁后面是世纪坛保安的宿舍,惊醒的保安差点把我扭送到派出所,告我一个扰乱社会治安!那时,想打球的渴望,逼着自己满世界找人,全北京搜索,天天登陆一个叫"健友"的网站,看有没有人约球。不论城南城北,或是室内室外,骑着自行车,夹带着简陋网球装备,风雨无阻地赴约打球。如能网上约球偶遇高手,骑车赶赴球场的累顿时化作激昂的斗志,驰骋赛场,尽显风流。出差时想打球,网上约球也是一种很好的途径,曾记得先后赴武汉、长沙、广州出差都约过球。此种行为,惊得当地同行接待的朋友目瞪口呆,舍去朋友盛情的美酒大餐,竟是为了打球!直到现在,还在几个网球群经常出没,但很少赴约打球了。除了几个老朋友的相约,三缺一时,那是必须要去救场的!

初学网球痴迷的日子,说是苦难的历程,却永远是甜美的回忆,就这样一直伴随着我的网球生活,形成我永远幸福快乐的一页。

(三) 求学真功夫

因"快乐网球",所以爱上了网球运动,期望着通过参与网球活动,快乐到永远!然而早期的快乐现在已经荡然无存,不快乐,是因为没有学到网球的"真功夫"。

在单位网球协会的众球友中,论辈分,虽然不敢称"老大",但总还是老字辈的一员。网球队成立伊始,一直有一种自豪感,就是可以在众新手面前"秀出"自己球技高人一筹的风采。然而也就一年多的功夫,昔日风采不在,众新手打比赛已经不再把自己放在眼里,并以调侃口气说"廉颇老矣"。但我感觉,不是上年纪的问题,究其根源,其实是没有"真功夫"。队友中搭高手组合就能赢,自己打球,就连新手也能指出这样那样的问题。认真检查自己,初入门槛时,只图快乐了,没有学到网球的真谛。特别是,在奥体集中培训时,教练讲解动作分步要点,深感精辟,正中自己的缺点,深感自己哪儿哪儿都是问题,基本的握拍手势不对,击球动作要领不对,怨不得打球这么多年就没有进步。想想这么多年,只图一时的打球快乐了,最终弄了个难得快乐!

快乐网球不等于不要"真功夫",只有掌握了真功夫,才可能体会到快乐网球的内涵。要想在快乐网球世界中永远快乐,一定要学到"真功夫"!在此基础上,如能再授之他人一些网球经验,也一定会享受到网球的快乐!

(四)快乐巅峰

打球是为了快乐的生活,但快乐生活的意义决不仅仅在于打球,而是以打球为手段,创造丰富多彩卓有成效的生活。

2016年,我被提名为国家税务总局网球协会的秘书长。这一年,是中央国家机关网球协会改革探索的一年,推出了机关网协与天天网球的系列合作活动,包括合作培训和组织赛事;这一年,国家税务总局网球协会成为这一系列改革的积极参与者、最大受益者。

通过积极参加机关网协组织的各种类型的培训和推陈出新的各项赛事,新老会员都在网球基础技术和赛事经验方面得到了锻炼和提高。在2016年的5月份、7月份的不同队际赛中,在主

力队员因公缺席的情况下，税务总局代表队克服困难，顽强拼搏，先后取得乙组第 14 名、第 12 名的成绩，成功顺利保级。响应积极参与、快乐网球的精神，在 2016 年 8 月份男子队际赛事中，也是在主力队员缺席的情况下依然以愉快的心情组织集体参与活动。通过这一系列的参与，锻炼了团队，打造出一支勇于拼搏的队伍，在 2016 年 10 月份团体赛事中，国家税务总局网球代表队在乙级组取得重大突破，获得第 4 名的历史最好成绩。这一辉煌成绩，极大地鼓舞了士气，在总局机关内部掀起学网球、打网球的小高潮。

2016 年国家税务总局积极组织会员参加"天天有网球"活动，也取得了不俗表现。"天天有网球"分级公开赛是今年国家机关网协试运行的一项服务全社会网球爱好者的全新赛事，以面向社会、天天赛事、规范分级、合理赛制、积分排名、升降有序、男女同场、多重激励为突出特点。活动推出后，吸引我单位众多成员积极参赛，大家纷纷表示在参与中更好地享受到网球的乐趣。其中，有人勇夺 7.0 级双打两次冠军和两次亚军，双打组合仅参加一次便拿下一战 6.0 级冠军；女子双打收获 6.0 级三次冠军和四次亚军，女子单打还夺得单打 3.0 级两个亚军。在最后一次发布的"天天有网球"积分排行榜上，我网球协会一位女队员跃居 3.0 级第二名，一位男队员成功站位 3.5 级第四名，极大提振了协会会员兴趣，推动我局网协活动更加积极热烈地开展！

为了长期保持团队整体战斗力并后继有人，在前述战绩的影响和鼓舞下，国家税务总局网球协会积极发展吸收了一些新队员并选送国家奥体培训中心接受专业培训，得到了实实在在的学习。他们虽然都是今年新入会的成员，但很快就完成了 2.5 级水平的培训，目前已经能打系统内组织的比赛了。

总之,国家税务总局网协成立以来硕果累累、成绩显著。感谢中央国家机关网球协会的一系列改革为大家的长进提供了机会,也感谢国家税务总局网协全体会员团结奋进、勇于拼搏的奉献,更感谢自己在快乐网球生活的参与中走向了新的巅峰!

四、追风逐雪激扬人生

熙熙攘攘的雪具大厅，清脆响亮的一声"七哥来了"！众人寻声回头望去，哪有"哥"，分明就是一位大爷。我，就是雪场小有名气的七哥，虽然年近60，但雪场中不论老幼都亲切地喊我七哥。

（一）雪缘

"七哥"的一生，与雪有缘，出生于北方，生长于贫困的年代。那年月，什么都缺，但唯独不缺雪。儿时温饱之余，再没有其他什么奢望，冰雪世界的嬉戏就是我们全部的梦想。大雪之后，踩块儿竹板就敢顺着车辙辘压痕追车滑翔。像今天的滑雪高手时不时要换板一样，贫困年代的我们，也从简单的竹板到铁丝板、钢筋板、角铁板，再到冰车，每一次雪具的更新换代，都会为我们带来无限的欢快。因为全部是自制的雪具，所以更有一种成就感。玩伴在雪具升级相互攀比中的不屑和冷傲，很难用现代眼光回味这种情趣。回味中倍感亲切，可以说儿时的穷困冰雪世界不乏情趣。

虽然而立之年的第一要务是事业，但工作之余深深埋在心中的冰雪情结却难以解开，然而大的环境已经不再那么方便，全国除东北外，几乎找不到雪场，压迫着滑雪的热情就像寒流来袭一冷再冷，不得始终。正规的第一次滑雪始于20世纪90年代末。那年，国家改革开放十多年的成果已出现了相对富足的人群，也有了拓展体育活动的场所，东北率先开发的若干雪场，开启了非专业百姓普及性的冰雪运动。一次出差的机会，雪场初试身手，唤醒了儿时的美好记忆，再难割舍。从此，凡是东北出差的活儿，再苦再累也要抢着去，想方设法地尽量去关怀东北人民，就这样零零星星与滑雪再结情缘。

　　工作中的暮年，北京终于在冰雪运动领域体现出了首都的范儿，也建了几片雪场，开启了我们稍微常规的滑雪活动。痴迷的时候，下了班直奔万龙八易雪场滑夜场。互联网的发展也为普及冰雪运动助力，网上约伴借卡买优惠票，网上约拼车相约一起滑。虽然雪友们也许从来不认识，但雪场一握手交流起滑雪技艺就像故人重逢，没有任何距离感。但环顾左右，一色儿的年轻人。这一代年轻人，其朝气蓬勃的情趣已经不屑于传统的双板滑雪，玩的都是更显俏皮活泼的单板。与年轻人交朋友，我也就舍命陪君子，丢弃了相伴多年的双板改滑单板。随着滑雪技术的不断提升，万龙八易雪场的天地已经不再满足我们雪上飞驰的愿望，改道南山雪场。南山雪场已具备了U型槽、大包小包、简易公园的条件，成为单板滑手的乐园。

　　中国的经济社会发展突飞猛进，也就这短短的几年，北京周边的雪场已经不能满足精力旺盛又敢于做"月光族"的新一代滑雪人。独具慧眼的商人很快就在河北张家口崇礼区开发出规模更大的几片雪场，有万龙、云顶、太舞和多乐，任选一条雪道就相当于北京周边雪场雪道长度的总和，穿梭于崇山峻岭，延绵于白桦丛林，飞驰于自然雪道，激发我忘年追风逐雪激扬人生。我最喜欢的瞬间，就是在疾驰中的急停，板尾扫出的一道雪花，在阳光下晶莹剔透，五彩缤纷。我愿我生命的终点，就像阳光下晶莹剔透的雪花，光彩之后悄然消失在大自然无影无踪。

（二）滑雪中的"巧"

1. 巧妙学技

　　滑野雪与正规雪场滑雪的注意事项完全不同。滑野雪，注意好自己的安全即可；正规雪场滑雪，不仅要自己注意安全，更重要的是注意他人的安全。雪道上的基本原则，前者有优先权，后者必须谦让前者滑行路线的选择，避免发生碰撞。

正规雪场滑雪最大的危险不是自己摔倒，而是滑行中撞人或被撞，雪场通称为"鱼雷"事件。避免"鱼雷"事件，要先从自身做起，不做"鱼雷"。不做"鱼雷"，其策略是能避让一切所遇事物，在技术上首先要学会转弯。我当年学滑雪，所顾虑的事情首先就是别撞了人，因为滑到山脚下总是会来到平面地段让你停下来的。但滑行途中如何防止撞人，则是要首先考虑的问题。在技术上防撞人可采取两种措施，一是停下，二是避让。两者中避让应是首选，因滑行中速度飞快，即使急停也难免万无一失。所以，我首次在正规雪场滑雪时，虽然没请教练，只是插空问了下教练如何转弯，教练不经意的回答，就让我了解掌握了避让危险的基本技巧，第一次上雪道就顺利地滑下来了。滑下来后，随行的朋友诧异地问道：你以前滑过雪啊？我诡异地答到：滑过，那是儿时踩着块竹板的滑行。

转变技巧，对于双板，左脚略为使劲一蹬，身体重心向右，自然完成向右转；反之亦然。对于单板，滑行朝向肩头的前后仰合，即可自然完成左右转向。看似不是什么高难度的转弯技术，却是最实用、最快上道、保命最需要的技术。建议初学习滑雪的朋友，优先掌握这一并不复杂的技术。只有当你能顺畅地滑下来，才不会产生恐摔的心理，才能产生滑雪的兴趣，才会有进一步学习高难技术的基础、欲望和动力！

2. 巧置装备

滑雪装备与其他运动项目比起来，还是相对较贵的。滑雪，过去属于有钱人的运动，现在看也属于上班族的运动。一般全套装备下来，价值上万元是不经意就轻松超支的事，上5万元也是有的。但如果你将滑雪仅仅视为寻求健康快乐的活动，就大可不必如此豪掷投入雪具装备，上网海淘即可很便宜地实现你追风逐雪的梦想。

我的第一套装备就是网淘的。当我能顺利从雪道轻松滑下来的那一刻，我即决定要拥有自己的板子，虽然我还不知道用什么样的板子更适合我。既然在技术上不知自己用什么板子更好，购板策略就是网淘便宜板。我的第一套雪具，板、固定器、鞋，三合一网淘2 000元，2012年的价，不贵吧？当时，好点的板5 000到10 000元，固定器一副五六百元，一双鞋也有500到1 000的价。我这套雪具送货到家打开包装，竟然看不出是什么牌子的板。只听亲自送货来的店老板悄悄地告诉我，这是国外定制出口私下内销的板，是目前国家运动员用板。这个价，出口转内销，又是国家运动员用板，这时的心里只能窃喜，唯有偷笑。尽管在显摆时人们都不信，但我信，并一用就是四五年，用着很好。随着滑雪技术的不断提高，始觉自己的雪板有点硬、有点重了。之后，2015年又用2 400元淘了一个板和固定器，单淘了一双鞋不足500元，总价还是不足3 000元，但用着感觉很好！

3. 巧取优惠

置办雪具，只是大宗固定资产的初始投入，滑雪还要发生方方面面的费用，如果你不是土豪，还是要注意巧取各种优惠。

首先是滑雪票，有各种各样的日场票和多次卡，各雪场不同也很难一一例举，但平均的基本情况是，如果你一个雪季能确保滑到10次以上，买张季卡就值了，节假日都滑下来就更赚了。如果你是个有闲人，时间就是金钱，买平日季卡，比全季卡能便宜三五千元。对于没钱又没闲的瘾君子，那就在网上搜索各雪场的开业试滑和其他赛事活动，经常可以有免费蹭滑的机会。我就曾经蹭过渔阳单板专题免费滑活动，也秒抢过多乐雪场1元开业试滑活动。最后，对于真有闲的大爷大妈滑雪爱好者，我悄悄地告诉你，万龙雪场凭65岁以上的身份证，可以免费滑。这也是吸引我天天锻炼，增强体质的动力！

　　滑雪日常费用开销的其他内容还有食、住、行。北京周边滑主要考虑交通问题，到外地滑雪则还要考虑食宿。关于住，视你的财力和习惯，高中低档的住宿条件都有，对没什么讲究的人拼房也是常见，不能一一要求。到崇礼滑雪，常要考虑的可能还是交通问题。随着滑雪产业的发展，北京到崇礼的滑雪班车已经能做到天天发车。但坐车的时间比滑雪的时间还长总不是最佳选择，所以更多的人选择自驾拼车。自驾拼车，久而久之也形成了行规。目前的行情，往返一人次是 150 元吧。滑雪生活的食、住、行 AA 制，拼的是情义和情趣，尚未见过以此谋利的不良影响。

（三）可爱的滑雪群

　　滑雪生活的食、住、行按照 AA 制，拼的是情义和情趣，彼此熟知带来的是雪场嬉闹的乐趣，并由此产生的众多 QQ 群和微信群。特别是微信群，是个好东西，方便了滑雪爱好者的联系，扩大了雪友交往的范围和地域，并保持雪友一年四季的日常联系。我打开自己的手机，随便翻一翻，不经意间发现已经加入了许多滑雪群，而且为了联系方便，自己还主动建了一个群。

　　滑雪的生活，遇到了好多事情，结交了好多朋友。记着有一个雪季，连着几次都有一位朋友发生点意外。一次朋友摔得失忆，当雪场广播呼唤我到了受伤朋友的面前时，她竟然不记得我们是一起拼车来的雪场。还有两个朋友，腿部扭伤，一个雪季就只能在微信群里看我们聊雪场的故事了。更可惜的是一位朋友，雪季第一次秀滑就摔了，一个雪季就这么始终遗憾地看着别人玩。但是，所有这些受伤的朋友都积极治疗，康复后又勇敢地再次穿越崇山峻岭，这就是滑雪人的精神。

　　群里的好朋友、好事情很多，说不完。但有几个助人为乐的朋友还是值得一表的！他（她）们是石头、云雀和刃妹。这仨人都建有自己的群，滑雪的朋友遍天下。他们建群重要的目的之一就是方便雪友联系，提供各种方便，并组织各种活动，吸引雪友积极参与。应该说，他们在民间业余地为拓展国家的滑雪事业做出了巨大贡献，到目前为止我还未发现其中任何一人有任何唯利是图的动机和实质。

我喜欢滑雪的这群朋友，我热爱滑雪运动，我愿我的生活像雪花一样在阳光下映射出洁白的缤纷多彩，然后再融化去滋润肥沃大地。

配图说明：2016年1月26日至29日，助力举办冬奥会，参加国家机关第6期滑雪培训，就是这个2号征服了万龙雪场各条雪道！你说这个2号是不是有点二?!

第二部分　人文情怀篇

配图说明：江湖说：宝刀不老，但不用会生锈。锈蚀刃，失去寒光，也就没了锐气。从沈阳回来已经8个年关了，瞎忙，这对刀一直歇着没用。难得今年北京冷得够爽，结冰也厚，于是想：刀不能锈，我也不能老！

五、水兵舞的风采与情怀

有一首歌叫《血染的风采》，那是中国现代军人血肉之躯保家卫国的壮美赞歌。和平年代，凡人世界，到哪里去寻找军人的风采？我选择了水兵舞，我不敢说两者可相提并论，却也同样具有军人无私奉献和互助友爱的情怀，并以此为基础，舞出了社区和谐维稳的风采。

（一）结识水兵舞

结识水兵舞，那是在我退休之后，白天有了大把的闲暇时间，却没了往日常来常往的朋友。如何打发这白日的无聊，参与一些有益的活动，可能是每一个退休人员都必须面临思考的问题。我是将此与锻炼身体结合起来考虑的，便来到公园寻找适宜

的活动。天赐良机，正在此时，玉渊潭公园新开张了一个水兵舞教学的场子，教学老师在热情地招揽每一位走过路过的游客。我当即就被"水兵"两个字所吸引，一是因为自己有军人情结，二是缘于在电影、电视中看过俄、美大兵跳舞嬉皮欢快的印象，其欢快活泼的舞步一直吸引着我，也适合我借此锻炼身体的初衷。我曾经专门在网上搜索过类似的舞种，如 Swing Dance（摇摆舞），但介入体验后，发现参与此舞种的人们均为年轻人。很显然，我不适合与隔代人一起共舞。所以，当我发现有水兵舞教学的信息后，十分欣喜，欣然报名。初步了解一些教学基本情况后，回家再上网查有关信息，看了有关视频后，又颇感失望。原来水兵舞经中国人一改造，已经完全没有美国水兵舞原本的风格，完全被改造成为大妈广场舞了。还好，不同于交谊舞那样柔情，也不像大妈广场舞那样纯女性化，有一定的刚劲率真，还有迷彩军装的风采，于是便决定先舞着看看，能否接受再说，就这样参与加入了水兵舞的行列。

（二）认识水兵人

被"水兵"两个字所吸引，加入团队，首先应该认识水兵人。等真正参与到其中并寻找才发现，哪有水兵，连个像样的转业或复员军人都没有，更不要说真正的水兵。起名水兵舞，"水兵"不过就是一个标识，类似企业的 LOGO，其实就是舞者心目中的偶像，召集众人积极参与的大旗。

水兵舞团队的水兵组成，有 80% 到 90% 其实就是大家所熟悉的跳广场舞的大妈，有约 10% 左右的男士参与。由于男士稀缺，所以舞蹈中很多男步都是由女士来跳的，在水兵舞中产生了非常独特的女士代男步的现象。虽然，男步多由女士担当，但舞步不失军人的刚劲有力风格；尽管这一舞种是由男女搭手成双成

对共舞，但明显地区别于交谊舞的抒情、娇羞、柔美，水兵舞舞动的是军人特有的夸张豪迈、大气磅礴与大义凛然。一群大爷大妈，刻意地要舞出军人的气质、军人的魂，还是蛮有意思的，这就是我认识的水兵，也是吸引我积极参与的主要原因。

这其中，最值得点赞的当属一位叫"湖蓝"的老师，她一手创办了电信水兵舞团队，对每一位队员投入无微不至的关爱。特别对新入队的队员，亲力亲为手把手地从基本舞步开始教起。在招收新学员的过程中，从不歧视新学员的生活背景与习舞条件，鼓励新人挑战自我、追求新的生活，耐心地点点滴滴地讲授习舞基础知识和舞步技巧；不仅教习舞蹈，也关心着队员的情绪和思想状况，亲和地协调队友的人际关系，妥善地解决队员之间看似无足轻重却直接影响团队建设的矛盾，所以大家都愿意找她说说知心话。特别提及的，是她以感人的思想工作激励一些失独、伤偶、情绪极度低落的老人在水兵舞队重新找回自我和生活的希望、快乐。可以说，在她心中有一种大爱，凝聚着这支水兵舞团队。

（三）讲奉献的团队精神

就是这样的一群大爷大妈，不仅在舞蹈中要体现军人的气质，在日常生活中也处处模仿着军人的作风。如果你深入到水兵舞这支团队的日常生活中，你能感觉到他们有一种自然模仿军人优良作风的习性。比如在日常的习舞活动中，他们有一种比学争优的劲头，都向最优的成员看齐，铆足了劲要超越第一人，争当最优。而这种比学争优，并不是某种自私、名利的争先，是在互帮互学、互助互爱的友好气氛中进行的。在这个群体里，你会看到类似五六十年代那样的好人好事天天出现，也能听到当下流行网络语言的正能量宣传报到。这就是这群大爷大妈的可爱之处，身在其中，就像沐浴在爱的阳光下，你会感到家的温暖，吸引着众多人的参与。水兵舞，就像爱的春风，目前已吹向祖国大江南北。每年都会举办一些大型活动，汇集全国各地的水兵舞团队，比舞斗艳，并出现了舞侠争雄的场面。

（四）公益就是最耀眼的风采

随着水兵舞在全国各地的推广，水兵舞已被有关舞蹈协会关注，并得到了社区政府的重视。

在网上查询，2013年水兵舞就参加了世界体育舞蹈协会在北京组织的第七届大型赛事活动，从舞蹈分类上讲水兵舞列属吉特巴系列。由于水兵舞在全国各地的推广产生了一定的影响，目前各地的体育舞蹈协会均将水兵舞纳入管理范畴，形成了有组织的推广管理。

另一方面，由于水兵舞简单易学，方便推广普及，而且既有双人舞的套路，又有单人舞的花样，吸引到了男士，就会引来更多的女士参加,所以水兵舞在广场舞的范畴中也逐渐扩大影响,吸引了众多人的参与。水兵舞的参与者,多为上了年纪的退休人员,是社区闲散人员的重要组成部分,其日常生活和言行举止直接关系着社区的精神风貌和文化生活格调,所以社区政府也非常关注水兵舞的发展,并有重点地引导和组织,以丰富当地文化生活。同时,从市场经济的角度看,许多商家也将这支水兵舞队伍看作是老年产业的庞大市场来谋划。从目前看,不仅水兵舞服装、饰品形成了市场规模,老年保健、保险、医疗、养老房地产等领域均看好这一市场,利用这支队舞开展多种形式的宣传和广告活动,比如组织演出、赛事就是其主要的手段。

但是,水兵舞最耀眼的风采,当属社区的公益演出。仅在北京,各社区的数支水兵舞团队,都不同程度地参加了社会层面组织的各种公益演出活动,其中有 50 + 、不老生活、社区春节庙会等。最大的一次活动,甚至调动了外地的水兵舞资源,在北京园博园组织了一次近 500 人的水兵舞大型演出,在整个 50 + 活动中,水兵舞是最大的舞蹈团队,演出场面壮观,出场队伍震撼,舞曲雄壮有力,着实体现了水兵舞的风采。

我享受以水兵舞锻炼身体的方式,热爱水兵舞团队朴实可爱、讲互助、能奉献的精神,更为能参与水兵舞为丰富社区文化活动的公益演出而感到一种退休生活的存在感和对社区建设的意义。这就是水兵舞的风采与情怀。

附　录

附录一　税收系统工程研究成果及其应用

一、关于税收系统工程研究成果的介绍

1996年，国家税务总局申报承担了国家自然科学基金委"九五"重大项目"金融数学、金融工程与金融管理"课题中"税收系统工程"（编号79790130）的研究。课题由时任国家税务总局副局长许善达牵头，具体由政策法规司政策调研处杨元伟、焦瑞进负责组织。国家自然科学基金委员会管理科学部组织课题验收专家委员会于2001年12月5日在北京召开"税收系统工程"研究课题验收会，验收评价结果为优。课题研究情况简介如下：

（一）课题特点

"税收系统工程"研究课题与国家自然科学基金委以前的研究课题项目相比，突出了以下几个方面的特点：一是政府与院校结合，国家自然科学基金委首次将其课题交由行政部门牵头负责组织，其优点是能充分结合政府工作中的现实问题开展研究，以解决问题为目的设立课题研究目标；二是合作院校、人员最多，是国家自然科学基金委有史以来参与院校和人员最多的课题，涉及6所高等院校，多达32人参与；三是涉税问题领域跨度较大，

同时涉及税源监控管理、税负分析研究、税收制度建设与经济发展关系以及完善税收征管的研究,所以命名为税收系统工程研究;四是理论与实践成果并举,既在理论创新方面提出众多新的认识见解,又围绕税收实际工作提出解决问题的思路措施。

(二) 组织分工

根据课题结构需求和各院校研究特点,课题研究组织分工如下:税收理论研究由武汉大学承担;税收政策分析决策支持系统由总局法规司、西安交大、中南财大三个单位共同承担;抽样方法在税收决策中的应用由上海财经大学承担;税收收入预测模型由总局法规司与中南财大共同承担;税收收入能力估算由总局法规司与复旦大学共同承担;税收负担水平与结构的研究由长春税院承担;税收制度的类型、改革与风险管理由浙江大学承担;税收申报管理中诚实识别系统研究由上海财经大学承担。

(三) 理论研究成果

税收系统工程研究课题涉及的理论研究部分包括以下内容:一是多级政府的最优税收、政府间转移支付的税负问题;二是逆弹性法则和平滑税收的问题;三是税收理论中的时间相容性问题;四是税收差异与社会福利的改善;五是随机最优税收问题;六是累进税收函数的确定。针对这些问题,意图从数理推导找出税收理论研究的关键性问题。

多级政府的最优税收、政府间转移支付有关的税负问题,主要从理论上研究在多级政府的管理模式下几个主要税种(所得税、消费税、财产税)的最优税率;讨论政府间转移支付的必要性,政府间转移支付的形式及政府间转移支付的最优数量和比例(报告第12页);逆弹性法则和平滑税收的问题着重探讨 Ramsey 法则的可行性,讨论在什么条件下可以采取一致税收(报告第16页);关于税收理论中时间相容性问题的研究,提出了采用动态规划的方法来避免由于时间的不相容而出现非最优决策问题（报告第16页）。

（四）课题研究应用成果

课题研究应用成果体现在以下几个方面："多级政府的最优税收关系模型"（报告第12页）和"税收能力估算模型"（报告第97页）可用于解决我国"应税总量"的估算问题；"税收政策分析CGE模型（决策支持系统）"（报告第27页）第一次在一般均衡模型中植入我国的税收因素（报告第35页），研究工作完成了包含税收收入结构在内的《中国社会核算矩阵表》，简称SAM表（报告第32页）；首次将"博弈理论"应用于税收征管工作中，研究征纳双方及其他涉税主体的"博弈"关系，为完善征管措施提供参考依据；首次将"智能学习"系统应用于税收征管数据分析中，解决了诚实申报识别自动稽核的问题（报告第222页）；建立了我国第一个税收收入分月滚动预测模型，为税收收入完成情况的跟踪分析提供了工具和参考依据（报告第89页）。

（五）课题研究实践成果

1. 建立重点税源监控管理信息系统

根据"诚实申报稽核系统"的指导思想，国家税务总局制定出台了《重点企业税源监控数据库管理暂行办法》，首次建立了全国统一四级交叉重点税源监控体系。到2001年9月，全国税务系统监控的重点企业已达5343户，监控税额占全国税收收入的39%。仅2000年一年，查出有问题的涉税金额高达59亿元。在此基础上，在即将实施的全国统一的征管软件（CITAS）中，设计植入了税源监控分析系统。

2. 开展税收收入能力估算

在CGE模型开发研究的基础上，展开了增值税和营业税两个税种估算技术方法的研究，并提出了消费税和企业所得税的估算方案。利用研究开发的增值税和营业税估算模型，完成了1995—

2000年我国这两个税种的实际估算工作,并被正式推荐为2002年我国税收收入预算编制和税收收入计划分配所采用的估算工具。

3. 应用模型开展税收收入预测

利用"税收收入滚动预测模型"和回归模型对1999年以来的税收收入进行了预测,其预测结果与各年的实际征收结果差异率均在±1%以内。为当时我国税收收入组织工作中相关税收政策执行和调整提供了重要的决策依据。

4. 诚实申报稽核系统成功用于实践检验

诚实申报稽核系统,在上海保税区完成检验。对该区700多户纳税企业历年的纳税申报资料进行了稽核,该区历史上有税收问题并被查处的企业全部落入了该系统定性为有问题企业的范围,稽获率为100%。

5. 算法模型得到广泛应用

"税收收入能力估算"和"税收决策和预测中抽样调查方法的应用"被引用于由财政部主管的世界银行援助项目"中国财税改革"中的"税收收入能力估算"和"家计调查"课题中,并受到世界银行财税专家的充分肯定和好评。

"税收收入能力估算"基本方法和"税收收入滚动预测"方法,作为财政收入预算编制的参考,被财政部预算司和总局计划统计司正式引用。

二、税收系统工程研究报告提纲

第一章 总 论
一、课题关系
二、研究目标及内容
三、研究思路与技术方法
四、课题分解及调整

五、课题成果及整体评价

第二章　税收理论研究

一、多级政府的最优税收

二、政府间转移支付

三、逆弹性法则和平滑税收问题

四、税收理论中的时间相容性问题

五、税收差异与社会福利的改善

六、随机最优税收问题

七、累进税收函数的确定

第三章　税收政策分析决策支持系统

一、一般均衡理论

二、政策分析分析决策支持系统模型

三、抽样方法在税收决策中的应用

第四章　税源分析

一、收入预测模型

二、税收收入能力估算

第五章　税负水平的研究

一、税收负担规模的研究

二、税收负担结构的研究

三、税负水平的国际比较研究

第六章　税收制度与征收管理

一、税收制度的类型、改革与风险管理

二、税收纳税申报管理工作中诚实识别系统研究

三、税收系统工程研究验收评语

　　国家自然科学基金委员会管理科学部组织课题验收专家委员会于2001年12月5日在北京召开国家自然科学基金"九五"重大项

目"金融数学、金融工程与金融管理"的课题"税收系统工程"（编号79790130）验收会。验收专家委员会审阅了课题验收的相关资料，听取了课题组的结题报告，经认真讨论形成如下验收意见：

一、课题组按期地完成了课题申请书中提出的各项任务，达到了预定的研究目标。课题组提交的资料齐全。

二、课题研究成果丰富，出版专著和学术论文集3本，在国内外学术期刊发表论文近30篇，关于税收基本理论问题的研究成果处于国内领先水平，"税收政策分析CGE模型""税收征管博弈模型""诚实申报稽核系统模型"和"税收收入分月滚动预测模型"，填补了我国税收管理研究工作中的空白，在国内产生了较大的影响，为政府部门制定税收政策提供了决策支持。多级政府的最优税收和政府间转移支付的研究、逆弹性法则和平滑税收的问题、税收理论中的时间相容性问题、税收差异与社会福利的改善、随机最优税收问题、累进税收函数的确定等，这六个问题的研究在税收基本理论研究中取得了重大进展。

三、研究成果在国家税务部门的实际工作到了应用，对辅助国家宏观经济决策和税收政策的制定、推动税收收入计划的管理和税收征管的改革与完善产生了积极的作用。

四、课题组国际学术交流活动活跃，拓宽了国内相关学科的研究领域，带动了税收学科的发展。

五、课题组在研究工作中培养了税收理论和管理研究领域一批高层次的人才。

六、课题验收专家委员会一致同意课题通过验收，对课题成果的综合评价为优。

国家自然科学基金委员会管理学部
"税收系统工程研究"课题验收专家委员会
2001年12月5日

附录二　无为人生

一生庸庸碌碌，无所作为，没做什么事能称得上是什么惊天伟业，也没什么事能引发地震或海啸。怀揣一种高尚的目的，就是想为工作做点儿事，就是想解决工作中的一些实际问题，因此多次的工作调动总是应急、解困。工作中默默耕耘，一字一字地记录下来工作经验，积累形成工作领域特有的专著，创新了一整套独特的治业理论，开辟了一大片全新的工作领域，引导了一个时期的工作潮流。至此退休，心中有一种无限的感慨、安慰和骄傲。退休之后，工作可能也就到此结束了。临了，晒晒我的工作成绩。历史上的这一页，虽然谈不上辉煌，却留有丹青照汗青。

一、简历

焦瑞进，男，出生于 1958 年 4 月 28 日。学历：1989 年中国科技大学管理工程硕士。现任中国税务学会学委会副秘书长，被聘中央财经大学税务教育研究所研究员、国家税务总局党校兼职教授、云南财经大学财经学院硕士导师，永久的注册会计师。历任：国家税务总局计划统计司宏观分析处处长、计划处处长、大企业税收管理司一处处长和副巡视员。

1975 年：高中毕业；

1975—1977 年：插队；

1977—1980 年：中国人民解放军 51269 部队义务兵，期间在太原工学院学习三年；

1980—1985 年：山西省供销社工作；

1985—1987 年：山西经济管理干部学院学习，企业管理专业；

1987—1989 年：中国科技大学读研究生，获管理工程硕士学位；

1989—1993 年：中国科学院管理干部学院，讲师；

1993—2011 年：国家税务总局公务员，先后在涉外税收管理司、政策法规司、计划统计司和大企业税收管理司工作；

1994 年：考取中国注册会计师；

1997 年：国家税务总局政策法规司政策调研处助理调研员；

1999 年：国家税务总局计划统计司宏观分析处副处长；

2002 年：国家税务总局计划统计司宏观分析处处长；

2004 年：国家税务总局计划统计司计划处处长；

2005—2007 年：沈阳市铁西区国家税务局副局长（挂职）；

2005 年：聘为扬州税务学院教授；

2006 年：聘为中共国家税务总局党校教授；

2008 年 9 月：国家税务总局大企业税收管理司一处处长；

2011 年：聘为云南财大财经学院硕士生导师；

2013 年 5 月：国家税务总局大企业税收管理司副巡视员；

2013 年：聘为中央财经大学税务教育研究所研究员。

二、获奖成果

1. 连续多年优秀公务员，荣立三等功两次；

2. 在辽宁省挂职工作期间，为辽宁省国家税务局开发"税收数据分析应用系统"，负责组织全省税源大检查做出突出贡献，荣立二等功一次；

3. 负责组织国家自然科学基金委"九五"重大项目"金融数学、金融工程及金融管理"的《税收系统工程研究》，获自然科学基金委专家评审优秀奖；

4. 开发《税收收入分月滚动预测模型》，获 2000 年度全国优秀税收科研成果三等奖；

5.《宏观税收分析指标体系及方法》，中国财政经济出版社，2007 年 7 月，此书于出版前获 2006 年全国税务系统科研成果评选一等奖；

6."误区重重，400 多页内控制度形同虚设"，《中国税务报》，2011 年 7 月 4 日，第 5 版，在"防范税务风险"专题征文活动中获一等奖；

7.《税收专业化管理及其数据应用分析系列丛书》获 2011—2012 年度全国税务系统科研成果评选二等奖；

8.《大企业税务遵从管理年度报告》获 2011—2012 年度全国税务系统科研成果评选三等奖。

附录三　焦瑞进著作一览表

[1]《美国新经济》，Robert D. Atkinson，Ranolph H. Court，焦瑞进、刘新利翻译，人民出版社 2000 年版。

[2]《税源监控管理及其数据应用分析》，中国税务出版社 2005 年版。

[3]《微观税收分析指标体系及方法——纳税评估技术指导参考》，中国税务出版社 2005 年版。

[4]《微观税收分析——税收分析员培训参考教材》，中国税务出版社 2007 年版。

[5]《2008 税收计会统岗位培训每日一题》，中国税务出版社 2008 年版。

[6]《2009 税收计会统岗位培训每日一题》，中国税务出版社 2009 年版。

[7]《税收分析人员岗位知识与技能》，中国税务出版社 2009 年版。

[8]《2010 税收分析岗位每日一题》，中国税务出版社 2010 年版。

[9]《税收专业化管理及其数据应用分析》，中国税务出版社 2012 年版。

[10]《微观税收分析指标体系及方法——税收专业化测评技术指导参考》，修订再版，中国税务出版社 2012 年版。

[11]《微观税收分析——税收分析员培训参考教材》，修订再版，中国税务出版社 2012 年版。

[12]《税收治理现代化及其数据应用分析》，中国税务出版社 2016 年版。